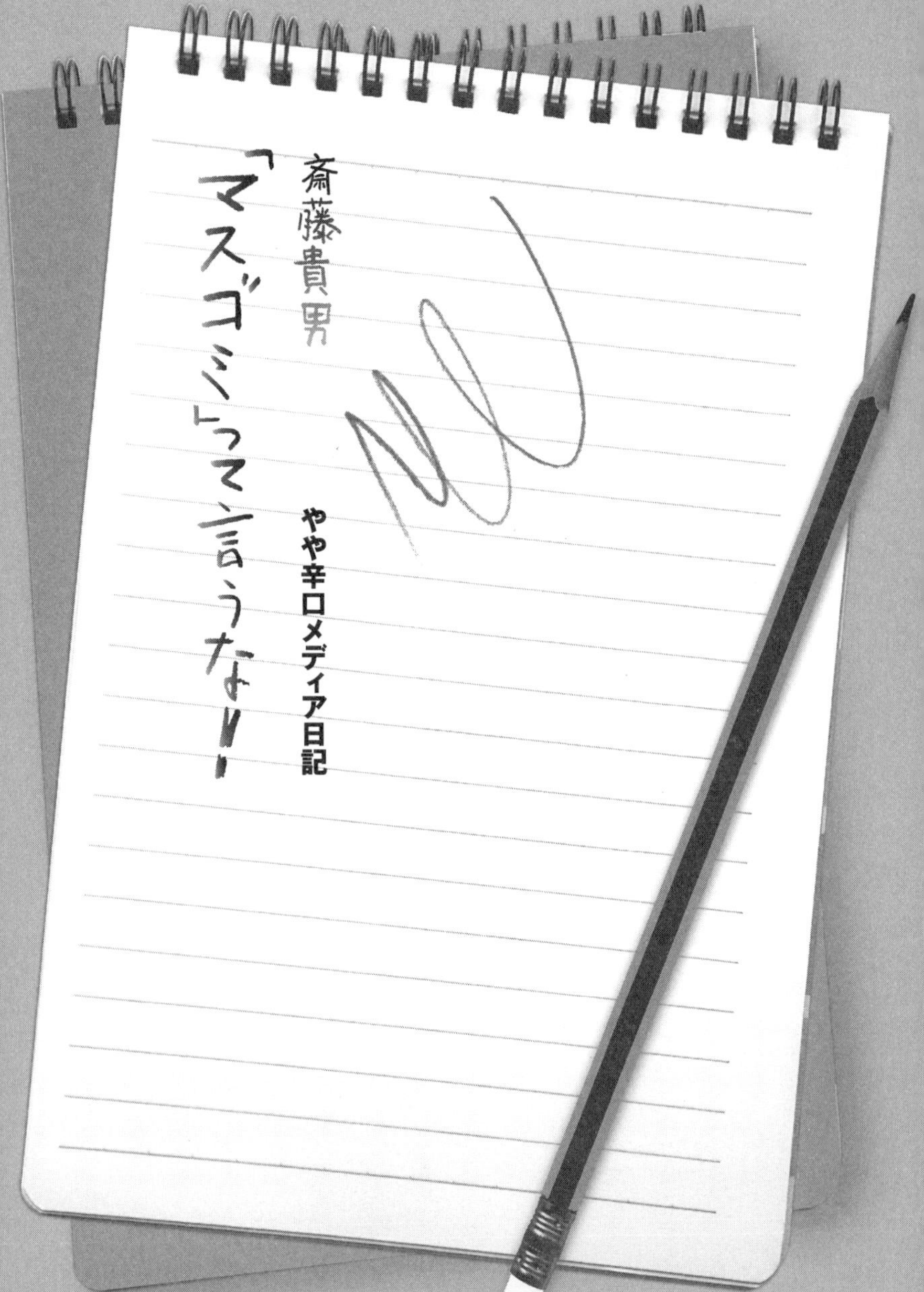

斎藤貴男

「マスゴミ」って言うな!!

やや辛口メディア日記

はじめに

防衛省がＡＩ（人工知能）の技術を駆使し、ＳＮＳを使って世論を操作する研究を進めている。ネット空間の「インフルエンサー」たちが同省に都合のよい情報を発信するよう仕向け、たとえば特定国に対する敵愾心《てきがいしん》を駆り立てたり、反戦機運を払拭《ふっしょく》したりのトレンドを演出していくという。

共同通信が二〇二二年一二月九日付で放ち、いくつかの地方紙に掲載されたスクープだ。岸田文雄政権は「フェイクニュースの分析と迅速かつ適切な情報発信を中心とする情報戦への対応が急務」との認識を示す一方で、件《くだん》の報道については「事実誤認だ」と否定。しかして数日後、定例記者会見で「共同」の記者に「研究事業に応札したコンサルティング会社にも裏を取った」と念を押されて浜田靖一防衛相は、「聞いていない」と逃げたばかりか、「それが正しいことか悪いことか、世論操作に繋がるか繋がらないかは、（中略）主観の問題」だと言い出した。

実質的な肯定コメントであり、かつ、民主主義の理念を踏みにじる妄言だった。にもかかわらず、大半のメディアはスクープにもその後の展開にも黙殺を決め込み、したがって日本国民の多くはこの事実を知らないままでいる――。

こんなことが多すぎる。ジャーナリズムはいったい何をしているのか。絶望にも近い思いに囚《とら》われながら、家族経営を含む小規模事業者のための紙媒体・全国商工新聞で、無署名のコラム「メディアの深層」を連載し始めたのが二〇一五年四月。五年目の一九年にそれらをまとめて出版した『驕《おご》る権力　煽《あお》るメディア』の、本書は続編に当たる。単なる「2《ツー》」ものでは面白くないので、工夫を凝らした。編集を担当していただいた角田真己、鈴木愛美の両氏と相談の上、構成を時系列とし（前著はテーマ別だった）、サイズやレイアウトも一新。最後の章には月刊『世界』に寄せたミステリ小説二編のコラムと、『週刊金曜日』で書いた産経新聞社のレポートを追加してみた。

タイトルの『「マスゴミ」って言うな！』が、もう何年もの間、マスコミに携わる者たちが浴びせられ続けてきた罵声を拒絶する意志を表していることは、言うまでもない。

二〇〇六年の名著『ニートって言うな！』（本田由紀・内藤朝雄・後藤和智、光文社新書）の〝本歌取り〟か、パクリかと嗤《わら》わば嗤え。働かず、就学せず、求職活動もしていない若者たちに対する、実態を無視した安易なレッテル貼りを打倒した成果にあやかりたいと考えた。

権力のチェック機能としてのジャーナリズムは本来、民主主義社会にとって不可欠の存在であるはずだ。間違っても「マスゴミ」などと罵られるようであってはならない。その一念で私は本書をまとめた。

二〇二三年二月

斎藤　貴男

目次

本書の内容の初出は次の通りです。

第一～四章…全国商工新聞の連載「メディアの深層」二〇一九年九月二日号～二〇二三年三月六日号（一部割愛）。

第五章…『世界』二〇二一年八月号「蘇る戦場の鬼気　戦中派サスペンスをいま読む」、『週刊金曜日』二〇一九年一一月一日号「大幅減益、リストラに揺れる『産経新聞』の研究」。
※見出しにつけた日付は掲載号を示します。文中の人物の肩書きや年齢は掲載当時のものです。

第一章　自称「報道機関」と権力

2019.9..2 ～ 20.2.24

この頃の主なできごと

19年7月21日　参院選投開票日
9月23日　国連気候行動サミット
10月1日　消費税が10％に
10月31日　首里城で火災発生
20年1月15日　日本で初のコロナ感染者確認

NHKは誰のものか

二〇一九年九月二日

NHKの夜の報道番組「ニュースウォッチ9」（NW9、平日二一時〜二二時）が、最も長い時間を割いて取り上げているテーマをご存じだろうか。答えは「スポーツ」。この四月は放送時間全体の一八・六パーセント、五月には二〇・五パーセントが、野球やサッカー、その他の競技の話題で占められていた。

二位以下は、改元直前だった四月が「皇室」「国際」、五月は「事件・事故」「国際」の順。「政治」はいずれの月も四位にとどまった。これらに続く「気象」「経済」「災害」「芸能」等々の項目については、その時々で変動しやすいこともあり、特に言及しないでおく。

市民団体「NHKとメディアを考える会・兵庫」によるモニタリング調査だ。重大きわまる結果は、しかし「しんぶん赤旗」（七月二〇日付）に紹介されたくらいで、大手メディアが黙殺を決め込んでいるため、遅ればせながら――。

「NHKと〜」は二〇〇六年三月の発足。従軍「慰安婦」問題を扱ったETV特集「問われる戦時性暴力」が、安倍晋三氏（現首相）ら自民党政治家の介入で改変させられた事実が明るみに出たのを契機に結成されている。彼らがＮＨＫ神戸放送局に提出した意見書の一部を引用してみよう。

「トップニュースとしてとりあげるには、的確か否か、首をかしげるものが散見されるのは、どうしたことでしょう」

「四月一日と二日は、『改元』問題で、一日中、ニュースの報道時間を費やした。同じ内容で同じ画面（とくに安倍首相が登場）を何度も放映し、まるで安倍政権の広報のようであった」

「（各地の憲法集会や原発裁判、消費税増税反対集会など）多くの市民が日本中で声を上げているにもかかわらず、ほとんど無視されている。ＮＨＫはこの国の主権者は誰だと考えているのかが見えてこない」……。

もっとも、今のＮＨＫが政治の話題に時間をかけたら、それこそ視聴者を権力に服従させる〝安倍ちゃんねる〟に成り下がる危険でいっぱいだ。してみると、〝スポーツニュース〟としての「ＮＷ９」の現状は、番組スタッフたちの、むしろ良心（？）だったりして。

冗談はさておこう。件《くだん》の意見書には、こんな指摘もあった。

「政治の貧困が、国民生活の貧困と格差を生み、犯罪の多発を生む原因となっている。この厳しい現実があるのに、日本はまるで豊かで美しく国民は毎日楽しく不安もなく暮らしているような錯覚を起こす報道ばかりである」

激しく同意。こんなことでは公共放送を名乗る資格がない。

「NW9」は二二日夜、韓国が日本とのGSOMIA（軍事情報包括保護協定）を破棄してきた問題を取り上げ、岩田明子・政治部記者兼解説委員が登場した。韓国を一方的に断罪する姿は、この件でコメントしていない安倍首相の代弁者にしか見えなかった。

『週刊ポスト』に批判殺到

二〇一九年九月一六日

『週刊ポスト』九月一三日号の特集「韓国なんて要らない」について、発行元の小学館が発売当日のうちにネット上で謝罪した。同誌はかねて重ねてきた韓国人攻撃をエスカレートさせた揚げ句、〈怒りを抑えられない「韓国人という病理」〉なる差別記事を掲載。批判が殺到し、連載を降りると表明する作家が続出して、事態の収拾を図ったものらしい。

〝謝罪〟の中身は、しかし、不誠実さが丸出しだ。〈誤解を広めかねず、配慮に欠けておりました〉とあるのだが、件の記事の悪意に満ちた筆致といい、『ポスト』が確信犯であることは疑いようもなかった。

近頃のマスコミは、こんなのばっかりだ。最低なのはテレビのワイドショー。朝鮮半島情勢に詳しいわけでもない〝コメンテーター〟たちが、競うように韓国人を蔑視した罵詈雑言《ばりぞうごん》を吐き散らかしている。TBS「ゴゴスマ」では、八月下旬に武田邦彦・中部大学特任教授が「日本男子も韓国女性が入ってきたら暴行しなくちゃいかん」、タレントの東国原英夫氏が同席していた韓国人女性に「黙っとけ、この野郎！　しゃべりすぎだよ、お前！」とまで。それで、頭を下げるでもない。体裁だけは取り繕った『ポスト』は、この連中よりはマシだという話なのか。

変われば変わったものである。『ポスト』といえば、かつては週刊誌の中でもゲリラ性の強い誌面で知られていた。プロ野球の「黒い霧」事件で八百長選手の独占インタビューをやってのけたのも、大相撲のやはり八百長を暴くキャンペーンを張ったのも同誌。ベトナム戦争当時の沖縄リポートや、徴兵制導入への危機感を綴《つづ》っていた、あの頃の〝ポスト魂〟は、いったいどこへ消えたのか。

それが今ではネトウヨ週刊誌、とは。

しかも小学館は、小学生向けの学年誌を発行してきた老舗の大出版社だ。並の大手以上の社会的責任を自覚すべき立場なのに、むしろ積極的にネトウヨ路線を突っ走っていた。それで有名な『ＳＡＰＩＯ』はもとより、『少年サンデー』にも、防衛大学礼賛の漫画が連載されたりする。

昨年九月、月刊誌『新潮45』が、やはり差別的な記事をきっかけに休刊した騒動が記憶に新しい。読者離れが進んでいた『ポスト』も、同じ運命を辿《たど》らないとは限らない。

ただ、今回の当該号には、見事な記事も少なからず載っていた。〈菅が二階と麻生を蹴落とした！「アベノカジノ」3兆円利権争奪戦〉〈絶対に騙されてはいけない年金財政検証4つの嘘《うそ》〉〈潜入ルポ　アマゾン絶望倉庫〉……。もしも休刊となれば、私たちはもう、こうした報道を読めなくなってしまう。

だから本気で反省して、やり直してほしい……と結ぼうとしたら、次の号の広告が新聞に載った。トップは〈韓国の「反日」を膨らませた日本の「親韓政治家」たち〉。

だめだ、こりゃ。

消費税カラ騒ぎ報道の陰で

二〇一九年一〇月一四日

九月から一〇月の初めにかけて、消費税に関する報道が溢《あふ》れた。一〇月一日には税率が一〇パーセントへと引き上げられたのだから当然か。

とはいえ報道の大半が、増税されても〝おトク〟な買い物の方法などに終始。増税対策とされるポイント還元の攻略法云々《うんぬん》の類《たぐい》だが、筆者に言わせれば、読者ニーズに応えるポーズで、実は単なるお役立ち情報の範囲を超え、マスコミ業界総出による長いものに巻かれる〝おトク〟な生き方、処世術を体現してみせているのが気にくわない。いや、許せないのである。

文字通りのカラ騒ぎは、結局、読者や視聴者をして消費税、およびその増税がもたらす近未来の本質から目を逸らさせる機能ばかりを帯びていた。実際、あれほどの〝報道〟ラッシュを経てもなお、中小零細の事業者が販売価格に税金分を転嫁できない現実や、輸出産業に不労所得を、非正規を拡大する企業に節税メリットを与える仕入税額控除の実態など、大方の国民はご存じないままだ。

あるいは、キャッシュレス決済が前提の前記・ポイント還元がいずれＩＴ企業の「信用スコアリング」ビジネスに供され、確実に超監視社会を構築させていく必然。飲食料品の話題だけが報じられる軽減税率制度が、同時に適用される新聞を、政治権力へのオネダリ漬けにさせ、とことんダメにしてしまう危険などといった大問題が、言及される機会とて皆無に近いのは、どうしてなのか。

知れたことだ。どれもこれも、政府や巨大資本や、でなければ新聞社をはじめとするマスコミ・ビジネスにとっては、可能な限り隠したい、何もないことにしておきたい事柄だからである。

自称・報道機関が職務を放棄し、魂を売り飛ばしている間に、政府は消費税率一五パーセント、二〇パーセント時代に向けた準備を着々と進めている。いわゆる御用新聞は、早くもプレ・キャンペーンを展開し始めた。

たとえば日本経済新聞の朝刊は一〇パーセント増税の数日前、「経済教室」欄で、「消費増税実現後の課題」と題する論考を上下二回、それぞれ井堀利宏・政策研究大学院大学特別教授（二五日付）、井手英策・慶應義塾大学教授（二七日付）と、いずれも名うての増税論者を起用して掲載した。増税当日の朝刊一面トップで〈消費税10％　始動／景気下支え、首相「万全の対応」〉と、なんだか素晴らしいことのような大見出しを打った読売新聞は、雑報めかして〈社保「全世代型」へ一歩〉と、さらなる増税の〝必要性〟を仄《ほの》めかすのも忘れなかった。

はたして業界団体の日本新聞協会は増税の前日、軽減税率適用について〈公共財としての新聞の役割が認められたと受け止めています〉とする「見解」を発表。その全文を第三社会面に載せた朝日新聞の翌一〇月一日付朝刊は、一面に〈月決め購読料　変わりません〉と、あたかも企業努力による価格据え置きでもあるかのような社告さえ出していた。

台風以外は報道しないのか

二〇一九年一〇月二八日

「命を守るための行動をしてください！」

ＮＨＫのアナウンサーが絶叫していた。一二日から一三日にかけて東海から関東、東北で猛威を振るった台風一九号。前後の数日間、マスメディアは台風関連の情報で埋め尽くされた感がある。

なにしろ一七日現在で報じられているだけでも一二都県で死者七八人、行方不明者一五人。約四二〇〇人が避難生活を続けている（朝日新聞）。他のニュースが入り込む余地が小さいのは仕方がない。

しかし、何か割り切れない。特にNHKの姿勢には疑問が残る。いくら何でも、台風以外は報道しないというのは、おかしくないか。

被災の現場と交互に「関係閣僚会議」が映し出される。安倍首相や菅官房長官のほとんど無意味な発言をテロップ入りで流しまくる。

政治が真摯《しんし》なのであれば、それも結構だ。だが安倍首相は被害が拡大する一方だった一三日夜、ラグビーW杯に大はしゃぎ。〈日本代表の皆さんの勇姿は台風で大きな被害を受けた被災者の皆さんにとっても元気と勇気を与えてくれるものだと思います〉とツイートしてみせた。

代表チームが勝ったからって、どうした？　そんなことで救われるとでも言いたいのか？　なのにNHKは批判しない。被害を受けなかった地域の住民には、パニック映画然とした画面と、ドラマ仕立てじみた首相官邸の様子ばかりが記憶に焼き付けられた。有り体に言えば、筆者には、まるでショーアップされた政権のPRを見せられている気がしたのである。

心配事はまだある。直前までの重大ニュースが、台風報道一色による断絶で、そのまま吹き飛ばされてはしまわないか、ということだ。

たとえばＮＨＫ自身がかんぽ生命の不正販売をめぐる報道で、日本郵政に圧力をかけられた問題。抗議を受けて番組に介入した経営委員会が、当初は「議事録を作成していない」と嘘をつき、国会で野党に追及されてようやくペラ一枚を出してきた件など、ＮＨＫには視聴者に本気で説明する義務がある。

関西電力の原発マネー還流問題もしかり。八木誠会長や岩根茂樹社長らの幹部が億単位のカネを福井県高浜町の森山榮治元助役（故人）から受け取っていた事件は、週刊誌やＳＮＳの類によって、いつの間にか同和絡みの問題にすり替えられていた。このままだとまたぞろ、人々の差別意識を煽《あお》って関電に被害者面させる結果が招かれかねない。絡んでいたならいたで、関電がその関係をどう利用したのかを追及するのがジャーナリズムの仕事だ。

地球温暖化の影響で、日本はこれからもさまざまな大災害に見舞われよう。そのたびに権力や巨大資本の悪行が水に流されていくようでは、もはや民主主義は成り立たなくなる。多チャンネル時代なのだ。どうにでもできるはずである。

報じられない日米共同訓練

二〇一九年一一月一一日

自衛隊と米軍など他国軍との共同訓練が激化している。念頭に置かれているのは対中国だ。ことに北海道での動きが目立つ。

一〇月一五日から二三日までの九日間、陸上自衛隊矢臼別《やうすべつ》演習場（根室管内別海町など）で、在沖米海兵隊の実弾射撃訓練が行われた。参加隊員は約五〇〇人、一五五ミリ榴弾砲《りゅうだんほう》一二門、車両約一〇〇台などが用いられて過去最大規模。監視活動を続けた市民団体の調べによると、射撃数は計一六〇〇発で、うち二一八発が夜間の射撃だったとされる。照明弾や焼夷弾《しょういだん》の効果を併せ持つ白リン弾が使用された形跡もあるという。

矢臼別では九月中旬にも、九州・沖縄を管轄する陸自西部方面隊（総監部・熊本）と米陸軍第一七砲兵旅団（ワシントン州）が共同訓練を実施した。当初はロケット砲の実射訓練も予定されていた（霧で中止）。九州を中心に展開される日米実動訓練「オリエント・シールド19」の一環とされ、道外の部隊が道内で日米共同訓練を行う最初のケースとなった。

九月から一〇月にかけては、日高地方と積丹《しゃこたん》半島の訓練空域で、航空自衛隊とオーストラリア空軍の、国内初の共同訓練があった。弾薬を含む物資を融通し合う「物品役務相互提供協定」（ＡＣＳＡ）に基づき、自衛隊から豪空軍への燃料提供も行われた。

自衛隊独自の示威行動まで挙げ始めたらキリがない。八月に陸自第七師団（千歳市）の長距離移動訓練で、戦車など戦闘車両一〇台が苫小牧《とまこまい》市から千歳市までの公道約三〇キロを走行したのが一例だ。それぞれの規模や内容からは、ただならぬ緊迫ムードが漂ってくる。

にもかかわらず――。

きちんと報じたのは地元の北海道新聞ぐらい、と言って過言でない。全国紙やテレビは、取り上げてもローカルニュース扱いで矮小《わいしょう》化するのが常である。

ということは、北海道新聞以外の読者には、肝心なことが何もわからない。矢臼別が国内最大の演習場で、それだけに危険な垂直離着陸機「オスプレイ」が参加する年明けの日米共同訓練の候補地になっている事実。今回持ち込まれた高機動ロケット砲システム「ＨＩＭＡＲＳ（ハイマース）」が長射程の阻止砲撃すなわち敵部隊後方の物資ルートなどを破壊する攻撃兵器にほかならず、訓練の目的は日本の島嶼《とうしょ》防衛などでは決してない可能性等々も、だ。

政府は緊張が高まっている中東に自衛隊を派遣する方向で検討を進めている。米国が提唱するホルムズ海峡での〝有志連合〟とは距離を置く建前だが、新任の河野太郎防衛相は二四日の衆院安全保障委員会と翌二五日の記者会見で、ホルムズ海峡で活動する可能性を排除しない考えを示した。重大な意味を孕《はら》んだ発言だが、なぜかこれも「朝日」「産経」など一部の例外を除いて、ほとんど報じられていない。誰のため、何のためのジャーナリズムなのか。

二〇一九年一一月二五日

首相の公選法違反　メディアは追及を

一三日付の朝日新聞と毎日新聞が、それぞれ「首相の私物化許されぬ」「公金私物化の疑問が残る」と題する社説を掲げた。内閣府の公的行事「桜を見る会」に、安倍晋三首相の後援会関係者らが多く招待されていた問題である。と、翌一四日付の産経新聞に、〝名物記者〟こと阿比留瑠比《あびるるい》・論説委員兼政治部編集委員のコラム「しらじらしい桜を見る会騒ぎ」が載った。

〈ただ、野党やメディアが、以前からこの会に関心を示し、問題点があると指摘してきたとは到底思えないため、また難癖をつけていると受け止めてしまうのである〉

確かに白々しい。阿比留記者も書いているように、件の会には例年、新聞・テレビの上層部や官邸キャップらも招待されてきた。実態を承知の上で隠蔽《いんぺい》に加担した当事者でありながら、何を今さら、というわけだ。

もっとも阿比留コラムの肝は、鳩山由紀夫元首相だって、後援会関係者を招いたじゃないか、の野党批判。それもその通りだが、桁《けた》が違いすぎる。民主党政権の時代は東日本大震災や北朝鮮のミサイル発射などいろいろあって、開催されたのは二〇一〇年の一度だけ。ところが安倍首相は就任以来、大災害もミサイルも関係なく七年連続で強行し、一七六七万円だった予算を五七二九万円（二〇年度概算要求）に、招待客数も一万人前後から約一万八〇〇〇人へと爆増させた。うち安倍後援会関係だけで八五〇人超、公費による接待の恩恵には、萩生田光一文科相ら側近の支援者たちも与《あずか》っていた。

明らかな公職選挙法違反である。少し前にやはり公選法違反で辞任に追い込まれた菅原一秀経産相や河合克行法相よりはるかに悪質だ。安倍氏には政治家としての資格が皆無だと断じざるを得ない。

マスコミはそして、公金私物化の共犯であり、それゆえ批判など一切してこなかった。日本共産党の宮本徹氏が五月の衆院決算行政監視委員会で追及しても頬かむりを続け、同党の機関紙「しんぶん赤旗日曜版」が一〇月一三日付で詳細をスクープしてさえも黙殺。新聞各紙がようやく報じたのは、一一月八日の参院予算委員会で、同党の田村智子氏が前掲日曜版の報道を基に追及を深めて以降のことだった。

赤旗日曜版の取材には敬意を表したい。だが一方で、有能であるはずの記者たちを首相官邸の記者クラブに常駐させ、全国に支局網を張り巡らせていながら、権力のチェック機能など露ほども果たそうとしなかった新聞・テレビ各社に対する、決定的な疑義が湧き上がってきてしまう。

安倍首相は知らぬ存ぜぬを押し通し、来年度の「桜を見る会」中止を決めて、当然のように幕引きを図る構えだ。一六日には有名女優が麻薬取締法違反の容疑で逮捕され、特にテレビの関心は一気にそちらに向いた。この期に及んでいつもの手口に乗せられるようなら、マスコミの存在価値はゼロだと知るべきだ。

首相が報道各社キャップと〝懇談〟

二〇一九年一二月九日

〝マルチの帝王〟こと山口隆祥《たかよし》・ジャパンライフ会長が、首相と官房長官の推薦枠で招待されていたことがわかった。第二次安倍政権が誕生してから七年連続で全飲食物の提供を一括受注していた外食業者「ジェーシー・コムサ」（本社東京）が昭恵夫人と親しい関係にあった事実も、招待客名簿がシュレッダーにかけられた五月九日は共産党の宮本徹議員が資料請求をした当日だった証拠隠滅も……。

「桜を見る会」をめぐる薄汚い手口の数々が、続々と明るみに出てきてはいる。ただし多くの場合、お手柄は野党や夕刊紙・日刊ゲンダイだ。一般紙やテレビによる追及はおよそ生ぬるく、とことん甘い。

こういう時には、たとえば朝日新聞の「首相動静」欄を見る習慣をつけておこう。古新聞の束を広げてみると、案の定だった。

安倍氏は一一月一五日にフジサンケイグループの日枝久代表と、一八日には読売新聞東京本社の柴田岳常務・論説委員長および田中隆之編集局長と、それぞれ会食していた。またぞろ御用メディアとの裏工作か、だけで済めばよかったが、次の瞬間、泣きたくなった。

二〇日の行動が、翌二一日付朝刊に載っている。そこに、

〈（午後）6時39分、東京・紀尾井町の中国料理店「上海大飯店」で内閣記者会加盟報道各社のキャップと懇談〉と、あったのだ。こんな時に、何をどう〝懇談〟するというのか。

いや、今さら驚いている場合ではない。安倍氏は立場が悪くなると、すぐに記者たちに召集をかける。安保法制の強行採決の時も、「モリカケ」の時もそうだった。集めて何を話すのかは定かでないが、新聞が消費税の軽減税率をゲットした過程で、この種の会合が幾度も重ねられていた〝実績〟を振り返れば、何らかの密約が交わされる場だと理解するのが自然だろう。

と、はたして二八日に発売された『週刊新潮』（一二月五日号）が、今回の〝懇談〟の一部始終を教えてくれた。それによれば、設定されたのはわずか二日前だったという。急すぎる日程だけでも臭気がプンプンするが、席上、安倍氏はこう語ったというのである。

「この問題、ワイドショーはまだやるのかな？　昭恵のこともうやっちゃったし、後援会の話も出たからもういいんじゃないのかね」

単なる愚痴、と苦笑しているわけにはいかない。今時の内閣記者会は忖度《そんたく》するのが常だから。同席していた今井尚哉《たかや》秘書官が、しかもこう言い放ったというのである。

「ＮＨＫの報道はひどい。だから同時配信はだめだと言われる。一万一〇〇〇円じゃなきゃできないと最初に報じたのもＮＨＫ。総理番が細かいことまで質問する。（中略）キャップが聞かせているの？」

まごうことなき恫喝《どうかつ》だった。ああ、私たちはすでに、民主主義の価値観が通じない異世界に放り込まれてしまっている。

政治権力に忖度し謝罪したテレ朝

二〇一九年一二月二三日

テレビ朝日の報道局長が、自民党の世耕弘成《せこうひろしげ》参議院幹事長に謝罪した。一〇日放送の「報道ステーション」で、政府・自民党の「桜を見る会」問題への対応を報じた際の取り上げ方が〝不適切〟だったとして、翌一一日には番組内で富川悠太アナが「世耕氏ならびに視聴者の皆様におわびいたします」。またしてもテレビは、政治権力に頭を下げてしまった。

何があったのか。「報ステ」はまず、政府が廃棄した招待客名簿のデータ復元を「考えていない」と閣議決定したことを伝え、菅義偉《すがよしひで》官房長官の「(国民に)ご理解いただけるような対応を取っていきたい」との、いかにもなウソを紹介。ナレーターが皮肉っぽく「政権幹部とは対照的に、与党内は早くも年越しムード」と続け、VTRを世耕幹事長らの記者会見に切り替えた。世耕氏はそこで、「(総理は)説明できる範囲はしっかり説明した」と語っていた。問題にされたのはこの後だ。番組は、ややあって(年内の会見を)いつまでやるのかと問われた彼が、「もう〝よいお年を〟と言うか」と答え、周囲と一緒に笑った場面を、そのまま先の発言につなげていた。

世耕氏はこの編集に怒った。その日のうちに〈印象操作とはこのことだ〉とツイート。ネット上で騒然となったところで、報道局長が飛んできた、という流れだったようである。

おかしくないか。「よいお年を」は確かに、「桜を見る会」問題に関する質問への直接の返答ではなかった。とはいえ、同じ記者会見での発言だ。国会が終わっても、事態が新たな展開を見せる可能性はいくらでもある。「よいお年を」も笑いも、この問題の幕引きを含意していると捉えられて当然。「報ステ」のスタッフも、だからこそそのように編集したはずなのだ。

したがってテレ朝は世耕氏の反発など無視するか、逆に「ふざけたことを言うな」と抗議して、二の矢、三の矢を放っていかなければならなかった。それが――。

マスメディアが政治権力への忖度に蝕《むしば》まれて久しいが、テレ朝のそれは格別だ。最近も「朝まで生テレビ!」での英語の民間試験問題をめぐる田原総一朗氏の発言や、「羽鳥慎一モーニングショー」の嫌韓本特集について、何か言われると、すぐに謝る光景が見られた。「大下容子ワイドスクランブル」に至っては、韓国人差別の垂れ流し番組にまで堕した。

かつてのテレビジャーナリズムの雄「報ステ」も、二〇一五年にレギュラーコメンテーターだった元経産官僚の古賀茂明氏や、キャスターの古舘伊知郎氏が降板して以来、すっかりおとなしくなった。それでも奮闘していた松原文枝チーフプロデューサーや小川彩佳アナも追放されるに及んで、もはや末期症状といえる。

こんなことばかり書いていても詮《せん》ない、とは思う。だがもはや、マスメディアの腐敗は、筆者と問題意識を共有してくれる市民の怒りに正していただくしかないのである。

二〇二〇年一月一三日

豊かな言論空間の再構築は……

年末に、ちょっとイイ話と、イヤーな話を同時に聞いた。とりあえずはイイ話から――。

ある新興出版社のベテラン編集者が、「論争『新潮45』休刊事件」なる書籍の企画を立てた。日本を代表する大手出版社の月刊誌が掲載したLGBT絡みの論考が差別的だと糾弾され、ついには休刊に追い込まれた、一昨年秋の騒動をご記憶だろう。この問題について多くの雑誌が特集を組み、かなりの論考が残されたので、それらを一冊にまとめるという。

犯罪でもない出来事を、敢《あ》えて「事件」と呼んだのは、それだけ社会的に重大な意味を帯びていたとの発想による。企画は三部構成で、まず第Ⅰ部「原資料」に事件の発端となった杉田水脈《みお》氏や小川榮太郎氏らの文章をそのまま引く。第Ⅱ部「ジャーナリズム論」には、「『言論の自由』の死か、勇気ある英断か」の副題がつくはずだった。

第Ⅲ部は「ＬＧＢＴ問題をめぐって」。企画の趣旨はもともと、この事件を素材に将来の雑誌ジャーナリズムを考えることにあり、ということは第Ⅱ部が眼目だったようだが、それだと〝ＬＧＢＴ差別の問題を軽視している〟との反発を招きかねないとの判断で、このような構成が導かれたらしい。

筆者はこの企画を事前に相談され、大いに喜んだ。言論表現のタコツボ化が指摘されて久しい現在、実現すれば有意義だと確信していた。編者サイドの主張を抑え、読者をして自由に考えてもらう判断材料としての論考を可能な限り紹介する、いわば「事典」的な体裁を選んだ編集方針にも納得できた。

企画は晴れて動き出した。ここまでが〝イイ話〟だ。

ところが、編集者の心はたちまち折れた。彼が各論考の著者らに再録の許可を要請する手紙を送ったところ、ＯＫをくれたのは小川氏をはじめ『新潮45』休刊事件で非難に晒《さら》された人々ばかりで、彼らを叩いた側の、いわゆるリベラル派論者たちのほとんどが、きっぱり断ってきたというのだ。

かくて企画は潰《つい》えた。筆者が編集者から受け取ったメールには、〈長らく逡巡《しゅんじゅん》して、ようやくここまで進めてきた企画ですが、この件は諦めようと思います〉とある。無念さが手に取るように伝わった。

論者たちはなぜ、この企画への参加を拒絶したのだろう。小川や杉田と同じ土俵になど乗れるか、ということなら、最初から何も書かなければよいのだ。少なくとも筆者には、彼らもまた、自分だけが正義で、相いれない考え方の人には冷笑や嘲笑を浴びせておけばよいという姿勢であるようにしか見えない。だが、それではネトウヨと同じではないか。

残念至極だ。豊かな言論空間再構築への道筋は長いと覚悟した。

新年最初の本稿である。本当は年頭の挨拶から始めたかったが、そうもいかない時代はまだ続くらしい。気を引き締め直して、二〇二〇年を生きていこう。

二〇二〇年二月一〇日

評論家・坪内祐三さんのこと

評論家の坪内祐三さんが一月一三日に亡くなった。六一歳だった。

筆者には面識がない。同い年だが、ダイヤモンド社の社長の息子だった彼とは考え方も立場も違う。だが寂しい。坪内氏の文章には共感できる点が多々あったから。

そこで、前から気にはなっていた彼の『右であれ左であれ、思想はネットでは伝わらない。』（幻戯書房、二〇一七年）を取り寄せた。古書なのに定価より高かったのは、同様の思いに駆られたファンが少なくなかったせいだろうか。

主観をそのまま綴った本ではない。戦後論壇を彩った言論人や出版人たちの評伝が大半を占めており、だからかえって、タイトルに込められた思いの丈が心に染みる。ただし「あとがき」に、自分はブログの類をやらないが、時に他人のツイッターを眺めると、〈とても悲しい気持ちになる〉と書いている。〈文脈がないからです。しかも、その文脈のない言葉が、次々とリツイート（拡散）されて行く〉からだ、と。

やはり同年の武田徹氏（メディア社会学研究者）が、坪内氏の死後、この箇所を引いて述べていた。〈坪内さんにとって文脈とは、そこから言葉が紡ぎ出される人々の〝生きざま〟を指す。（中略）圧倒的な読書量で知られる坪内さんが蓄積した知識は記憶の中で相互につながって独自の文脈を形成していく。そこから坪内さんにしか書けない評論が数多く生み出された〉（毎日新聞一月二七日付朝刊）。

同感だ。そして筆者の場合、前掲書の最後に収められた「文春的なものと朝日的なもの」にも、胸が熱くなった。過去の「慰安婦」報道と東京電力福島第一原発所長への政府事故調に関する報道の一部に誤りがあったとして謝罪・訂正した朝日新聞に対する『文春』の攻撃は度が過ぎると嘆いていた。

二〇一四年のことだ。少年期から『文藝春秋』を愛読し、物書きとしても『文春』に育てられた思いが強かった坪内氏はまた、同社の発行で、自らも常連筆者だった保守論壇誌『諸君!』が二〇〇九年に休刊する前の数年間、一本も寄稿しなかった事実を明らかにしている。〈ある時期から『諸君!』は、『正論』や『W・i・L・L』と変わらぬ雑誌になってしまったのだ（以前はもっと大人っぽかった。つまりふくらみがあったのに）〉。

変質の原因を、坪内氏はS氏という編集長に求めている。その男が保守ならぬネトウヨでしかなかった絶望は、筆者にもよくわかる。しかし、そんな人間を編集長の要職に就けたのは、名門・文藝春秋にほかならなかった。

S氏個人の問題に矮小化してしまうわけにはいかない。社会全体の劣化の検証、さらには、ではどうすべきなのか。坪内さんとはいつか、ともに言論や日本の未来を語り合ってみたいと考えていた。だから寂しい。

今回は内輪の業界話になってしまった。ご容赦を乞いたい。

癒着の疑念は払拭できぬ

二〇二〇年二月二四日

二月一四日付の朝日新聞朝刊が、自社を含む報道関係者と安倍晋三首相が会食を重ねていることに関する記事を載せた。かねて問題視されてきた状況だが、今回は「桜を見る会」で安倍氏が追及されていた昨年末にも繰り返された〝懇談会〟に、多くの批判や疑問が寄せられたのに応える体裁だった。

それによれば、首相官邸の誘いを受けたのは内閣記者会に所属する全国紙や在京キー局などの一九社。一一月二〇日夜に各社のキャップらが東京・平河町の中華料理店で、一二月一七日夜に番記者らが神田小川町の居酒屋で、それぞれ安倍氏と酒席を囲んだ。

参加した理由を尋ねると、各社とも「最高権力者の肉声を聞く貴重な機会」である旨を答えた。「朝日」の円満亮太政治部次長による説明には特に大きなスペースが割かれた。〈（安倍氏の公私混同などを）厳しく書き続けるためにも、取材を尽くすことが必要だと考えたからです。取り込まれることはありません〉という。

「朝日」の弁明はこれが初めてではない。「しんぶん赤旗」などがこの問題を指摘し始めて間もなかった二〇一五年の一月一四日付朝刊でも、Q＆A欄で、〈費用は、安倍首相の分も含めてマスコミ側がすべて負担し、割り勘にしています〉などと書いていた。今回の言い訳が、単にお金の問題にとどまらず、基本的な取材姿勢にまで踏み込まざるを得なかったのは、「桜を見る会」をめぐる安倍氏の答弁があまりに不誠実で、そんな男と仲良く酒を酌み交す記者たちに対する一般の不信が、これまで以上に高まった結果だろう。

では、これで疑念は払拭できたろうか。筆者はやはり納得できない。取り込まれることはないというなら、何よりもまず、報道の中身で満天下に証明しなければならないはずだ。安倍政権の七年間で、この国の社会も人心も荒廃しきった。今時のマスコミに、その主犯を権力の座から引きずり降ろさんとの気概があるとは思えない。

「桜を見る会」で、確かに「朝日」はよくやっている。だからこそ、裏では癒着《ゆちゃく》しているのではないか、などという疑いを向けたくないのが、読者心理というものだ。早い話が、「読売」や「産経」がどれほど安倍氏と仲睦まじかろうと、読者は今さら気にしない道理である。

なお紹介が遅れたが、昨年一一月と一二月の〝懇談会〟に、毎日新聞だけは参加しなかった。その件について、高塚保政治部長は同紙の「開かれた新聞委員会：二〇二〇座談会」で述べている。〈懇談会は完全オフレコが条件です。懇談会での説明で少しでもメディアの追及が弱まればとの狙いがあったと思いますが、我々は説明を求めている立場なので出席することはできないと判断しました〉（一月四日付朝刊）。

あるべきお手本がここにある。「朝日」も、いや志を忘れたくないメディアはみな、この姿勢に倣《なら》うべきである。

第二章　「正しく怒る」ために

2020. 3 . 9 ～ 21. 1 .25

この頃の主なできごと

20年３月24日	東京五輪・パラリンピック延期決定
４月７日	初の緊急事態宣言
７月22日	Go To キャンペーン開始
９月16日	菅義偉政権発足
11月３日	米国大統領選

ウイルス禍と独裁政治

二〇二〇年三月九日

新型コロナウイルスの感染が拡大している中で、安倍晋三首相が二月二九日夕、記者会見を開いた。初動の段階から加藤勝信厚労相ばかりを矢面に立たせていた彼が、ようやく国民に直接説明する格好だった。

中身は何ほどのこともない。この前々日、働く親たちへの休業補償もないまま全国の小中高校と特別支援学校に春休みまでの臨時休校を要請すると表明し、殺到した批判に応えたらしい部分でも、具体策は「新たな助成金制度」をつくると述べたのみ。毎度おなじみの〝やってる感〟アピールは、さらなる批判の的になった。

それはそれで自然の成り行きだ。とはいえ、一連の事態に関する報道の流れには、不安も禁じ得ない。感染そのものの行方とはやや異なる次元で、である。

新型コロナの脅威が周知され始めた一月末ごろから、自民党内では「憲法改正による緊急事態条項の新設」を求める声が沸き上がった。大規模災害の際に首相が緊急事態を宣言すれば国民の権利を制限できるという条文案で、同党の掲げる改憲の〝目玉〟の一つ。

野党の反発は大きかった。感染症対策は現行法制でも十分可能なのだから当然で、自民党の石破茂元幹事長までが「悪乗りして憲法（改正）に持っていくつもりはない」と発言した後は、産経新聞などの例外を除くと、マスコミもあまりこの問題を取り上げなくなった。

他方、感染の拡大が深刻化するにつれて、首相のリーダーシップ不足を指摘する論調が、特に海外メディアで盛んになっていく。ロイター通信が二月二五日付で“Where's Abe?”と題する記事を配信したのが典型か。東京五輪への影響を恐れる安倍政権が、ウイルス禍を小さく見せたがっていたのは確かなので、リベラル系サイト「リテラ」あたりも、たとえば感染者の多い大邱《テグ》市入りした韓国の文在寅《ムンジェイン》との比較で、〈いまこそリーダーシップを発揮すべきときなのに〉（二六日付配信記事）などと書いている。

筆者が恐れるのは、こうした〝ないものねだり〟と、安倍政権や自民党の悲願とがシンクロしてしまいはしないか、という点だ。緊急事態条項を導入部とする憲法改正、安倍政権や自民党のよりいっそうの強権・独裁化が怖い。現実に中国では、発生源の武漢市を封鎖した他、顔認証システムと連動させた監視カメラ網やスマホで収集した個人の移動情報、支払い記録などを解析して感染者の行動を追跡。件《くだん》の韓国もこれに近い措置を採っているという（東京新聞二月二〇日付朝刊など）。

新型コロナウイルスには生物兵器説がつきまとう。発表されている死者数や感染者数の割には大袈裟《おおげさ》にも映る各国の対応は、それらの信憑《しんぴょう》性を裏付けている気がしなくもない。とすれば、そんな物騒なモノを触媒に、独裁政治を定着させられてしまうわけにはいかない。軽々しい判断を慎むべき時期ではある。

二〇二〇年四月六日

モリカケ報道の手を緩めるな

これでも新聞か、と思った。森友学園問題で公文書の改竄《かいざん》に関わり自殺した財務省近畿財務局の赤木俊夫さん（当時五四）の妻が、国と佐川宣寿《のぶひさ》・元同省理財局長を相手取り、損害賠償を求める訴えを大阪地裁に起こしたことを報じた「読売」（三月一九日付朝刊）のことである。

「朝日」、「毎日」、「東京」の在京紙や多くの地方紙が一面トップで報じた中で、「読売」は第二社会面にひっそりと三段。わずか四四行の雑報扱い。原告側弁護団は記者会見で、故人の手記や遺書を公表している。つまり自らの命と引き換えの告発で、だからこそ妻も、「本当のことを知りたい」と、提訴に踏み切ったのだった。それを――。

なるほど御用新聞だけのことはある。公文書改竄をめぐる安倍晋三政権の不誠実ぶりは周知の通り。提訴されるに至っても、安倍首相や麻生太郎財務相（兼副首相）は「再調査は考えていない」と居直った。ばかりか、対する妻の「この二人は調査される側で、再調査しないと発言する側ではない」とのコメントや証言を受けた野党の追及にも、「赤木氏本人の手記とは別々のもの」などとして、まるで嘘《うそ》つき呼ばわりしてのけた。「読売」は同じ穴の狢《むじな》だ。「読売」だけが御用新聞ならまだしもだ。「産経」や「日経」も、「読売」よりはマシにせよ、提訴をことさら小さく扱った点では同じだった（「日経」は手記の簡単な要旨も）。

他方、一面トップ組の中でも際立ったのが、「毎日」である。全国紙で唯一、手記の全文を載せている。〈元は、すべて、佐川理財局長の指示です〉と断じた赤木氏は、同僚職員はみんな彼の虚偽答弁に違和感を持っているとした上で、〈しかしながら、近畿財務局の幹部をはじめ誰一人として本省に対して、事実に反するなどと反論（異論）を示すこともしないし、それができないのが本省と地方（現場）である財務局との関係であり、キャリア制度を中心とした組織体制そのものなのです〉と書いていたのである。

事件の構造を明快に示す指摘だった。「朝日」や「東京」が要旨だけに留《とど》めた理由がわからない、と言ったらマスコミ業界人としてはカマトトに過ぎようか。

赤木氏の遺書と手記は最初、『週刊文春』（三月二六日号）に載った。NHKの大阪社会部で森友事件を追って特ダネを連発し、安倍政権への忖度《そんたく》が最優先の上司に疎まれて退社した相澤冬樹氏（現、大阪日日新聞記者）によるスクープで、これを受けるタイミングでの提訴だった。それゆえの嫉妬《しっと》だとしたら、読者にはいい迷惑だ。

今、世間も報道も新型コロナ一色である。東京五輪の延期も決まった。場合によっては強権発動も甘受すべき場合があり得よう。
が、だとすればなおさら、大前提になるのは権力の正統性だ。メディアにはそのことを問うモリカケ報道の手も緩めないでもらいたい。

権力の強大化を歓迎する空気が……

二〇二〇年四月二〇日

私たちの社会は、すでに内部崩壊を始めているのではないか。少なくとも筆者は、現代という時代と、そこで生きる人間とに、根源的な疑いを抱かされてしまった。

新型コロナウイルスに感染して療養中の脚本家・宮藤官九郎（四九）が、パーソナリティーを務めていたTBSラジオ「ACTION」に、コメントを寄せた。出演できない事態を指して、「リスナーの皆さんには、申し訳ない気持ちでいっぱいです」と謝罪し、「少しずつ快方に向かっています」と続ける報告が放送されたのが今月六日。これがネット上で血祭りに上げられた。

〈いい歳して反社な行動、死ねや！〉〈こんな屑《くず》どもが医療費食いつぶしてやがる〉〈クソパヨクの典型じゃん。勝手にやらかして悪いのは政府　反省すらしてない〉……。

宮藤は三月二〇日に東京・渋谷のライブハウスを訪れていた。複数の感染者を出したライブであり、彼の感染経路もここらしいと伝えられる。翌々二二日にも別のライブハウスで自らの所属するロックバンドのミュージック・ビデオを収録してもいた。

宮藤はイベントの自粛を要求する政府に批判的だった。興行で生活している人なのだから当然で、それゆえ件のコメントも、感染を招いたらしい行動には触れていない。そうした、大勢に従順でない態度が憎悪されたのである。

感染拡大の深刻化につれて、権力の強大化を歓迎する空気が広がってきた、ように思う。しかも政治権力以外の成功者に対するひがみ根性丸出し、〝お上〟の社会防衛に反抗的な有名人など殺してしまえ、とでも言いたげな、ありがちなパターンで。

病魔に冒され、死の恐怖と闘っている人に対する容赦のないバッシングは、その表れだろう。かつてNHKの朝ドラ「あまちゃん」を大ヒットさせた〝クドカン〟が、昨今は大河ドラマ「いだてん」でコケ、〝落ち目〟の印象がある現実も、ネット住民には追い風と感じられたものか。

だから、たとえばお笑いコンビ「たんぽぽ」の白鳥久美子（三八）は、感染を公表した翌日九日、病床にありながら、ブログでいきなり謝った。〈本当に申し訳ございませんでした〉とした上で、相方や先輩、友人らに励まされていると続け、〈精神的にとても辛い時期がありましたが、そういった皆さまからのお心遣いに、とても救われました〉と配慮も十分。お上に従順な態度を強調することを忘れない。〈主人と部屋を分けるなど、保健所の指示に則って注意しながら過ごしています〉。この時代の人気商売には欠かせない〝生き延びる知恵〟というべきか。

彼女を難じたいのではない。ただ、ちょっと弱みを見せると鬼の首を取ったみたいに差別し、罵倒して恥じない、匿名の陰に隠れた無責任の塊どもに全能感を与えてしまうメディア状況は悲しく、恐ろし過ぎる。誰もが自分らしく生きていける時代を獲得したい。

構造改革路線が招いた医療崩壊

二〇二〇年五月一一日

埼玉県白岡市に住む五〇歳代の男性が新型コロナウイルスに感染し、軽症とされて自宅で待機している間に亡くなった。県による四月二二日の発表では、自宅待機中は保健所が毎日電話して体調を確認しており、悪化が伝えられた二〇日に翌二一日からの入院が決まったが、間に合わなかったという。

気の毒きわまりない。保健所のスタッフもさぞ無念だろう。埼玉県は感染者の全員を入院させる方針を採っている。なのに彼がそうしてもらえなかったのは、病院が満杯だったからだ。

同様の自宅待機組が、この時点で県内にまだ三五〇人ほどもいると伝えられた。

すでに医療崩壊は始まっている。症状を訴えても検査を断られる人が珍しくない。保健所で門前払いされる人もいる。病院に電話をかけても通じるケースは稀《まれ》である。

命がけで人命救助に当たってくれている医療従事者の方々には、感謝の言葉しかない。と同時に、私たちはどうしてここまでの事態に陥っているのかという問題も、忘れてはならないと思う。

この国には医療資源が決定的に不足している。そして現状を導いたのは、長年にわたって積み重ねられてきた新自由主義に基づく構造改革路線にほかならない。厚生労働省の集計によると、一九九三年度に八四八カ所だった全国の保健所数が、今年度は四六九カ所。九四年に改正された旧保健所法改め「地域保健法」によって、統廃合が進められた結果だ。

病院や病床の数も激減した。九六年に九〇六〇あった感染病床が、二〇一九年にはなんと五分の一以下の一七五八床だと、これも厚労省の統計。昨年九月には同省が、公立および公的病院の四二四病院、つまり全体の四分の一以上は再編か統合の対象だとして、病院名の公表までしていた。

世の中のすべてを生産性と経済的利益だけで測り、人間の生命や尊厳を徹底的に軽んじてきた揚げ句の果てが、現状なのである。だが目下のコロナ禍において、なぜか日本のマスメディアはこの点を報じたがらない。伝えてくれるのは海外メディアか政党機関紙・誌ばかりだ。今は過去の政策を批判している場合ではない、という理屈なのかもしれないが、それは間違っている。

確かに報じ方は難しい。だがこれは、正しく怒り、未来を考えていく上で誰もが知っておくべき情報だ。筆者は本稿のためにあれこれ読んだ報道のうち、月刊『世界』五月号の「疫病の年に」という論文に特に惹《ひ》かれた。歴史家のマイク・デイヴィス氏が、やはり医療崩壊に陥りつつある米国の状況を論じ、こう結んでいた。

〈現在のパンデミックは、真に国際的な公衆衛生の基盤《インフラ》が欠落するなかで、資本主義のグローバル化は生物学的に持続不可能だという議論をさらに広げている。だが、民衆運動が巨大製薬会社と営利目的の医療の力を潰さない限り、そうした基盤は決して存在しえない〉。

二〇二〇年五月二五日

経済の実態に迫るジャーナリズムを

日本経済新聞の五月一二日付朝刊「経済教室」欄に、「中小企業の資金繰り支援　新陳代謝疎外せぬ枠組みを」の大見出しが躍った。筆者は鶴田大輔・日大教授（企業金融）。もしやと思い読んでみると、案の定だった。論考の趣旨は、

――新型コロナで苦境に立たされた中小企業の資金繰り支援が進んでいる。それは金融機関の重要な保険機能だが、あくまでも一時的な、感染爆発という外部要因に限った対応だ。もともと業績が悪かった〈本来市場から退出すべき企業を延命させる制度であってはならない〉。リーマン・ショックの時がそうだった。だから今回は、〈マクロショックからの回復が見込まれれば、速やかに支援を打ち切るべきだ〉という。

嫌ァな書き方をしてくれる。そういえば前月四月一八日付の朝日新聞朝刊「経済気象台」欄にも、「穹」なるペンネームの持ち主が、よく似た主張を寄せていた。こちらもリーマン・ショック当時の例を挙げ、〈米国に比べ産業の新陳代謝が遅いのは、こうした政治からの手厚い支援要請がいつも長引くことにも理由があるだろう〉〈金融庁はこれまで地銀の低収益を問題視し、経営改革を強く迫っていた。ところが、いったん危機になると、すぐに資金繰り支援を促すのは、やはり一貫性に欠ける〉……。

いわゆる〝ゾンビ企業〟論だった。将来性のない中小零細の事業など助ける必要はない、むしろ積極的につぶしてしまえ、という。

目下の状況で、ここまで言い切るマスメディアは多くはない。新型コロナの影響はリーマン・ショックの比ではなく、人々の生活様式までも根底から覆していく。生存自体が危うくされているのだから当然だ。実際、こういう時のためにこそ政治はあるのである。なのに、「日経」と「朝日」は、いとも軽々しく、外部の筆者によるものとはいえ、いかにもエリート臭の漂う両紙らしい眼差しというべきか。今時の世相で、この種の論調が盛んになれば、中小零細の事業者は、それだけで世間の攻撃の的にされてしまいかねない。

感情論はさておこう。統計上の数字か大企業の論理でしか経済を捉えようとしない彼らは、そもそも現実を見ていない。例えば東京新聞五月四日付朝刊「発言」欄には、資金繰り支援「セーフティネット四号」の認定を受けたものの、いざ信用金庫側と詰めたところ、ほぼ全額を以前からの負債の返済に充てさせられた中小企業経営者の投書が載っていた。ジャーナリズムがなすべきは〝手厚すぎる支援〟とやらのこうした実態を明らかにすることではないのか。

経済は生き物だ。弱い者はつぶせばよいとする机上の空論は、安全圏にいる者には正論に映っても、淘汰されるものが増えれば、当然、新たな社会的コストが発生する。人間の営みそのものなのだ。サディスティックな支配欲を〝経済学〟と言い換えて悦《よろこ》ぶ時代に、いい加減でピリオドを打とう。

二〇二〇年六月八日

「テラスハウス」制作中止で済ますな

SNSの悪口を書き始めたらキリがない。差別と誹謗《ひぼう》中傷に満ちた便所の落書き。ネトウヨの巣。本来は万人に表現の場を提供してくれた素晴らしいツールであるはずなのに、馬鹿な人類には一〇〇万年早かったと、筆者は思う。

多くの子どもたちが犠牲にされてきた。ついには二二歳の女子プロレスラーの命も絶たれた。木村花さんの死亡が確認されたのは五月二三日未明。出演していたリアリティー番組「テラスハウス」(フジテレビ系)での言動が一部視聴者らの反感を買い、SNSで大量の罵詈雑言《ばりぞうごん》を浴び続けて、深く傷ついた末の自殺だったらしい。

報道の矛先が罵倒の主たちに向いたのは当然だ。ただ、ではSNSだけが悪いのかといえば、違う。番組自体に問題があり過ぎた。

「テラスハウス」の放送は、二〇一二年一〇月、金曜午後一一時からの枠で開始されている。シェアハウスで暮らす男女六人の恋愛模様を中継し、視聴者がこれを観察する、というコンセプト。出演者の多くは素人ではないが、有名でもない、タレントの卵たちだ。

視聴率は上々だったが、二〇一四年三月、写真週刊誌『フラッシュ』が、〝やらせ〟疑惑を伝えた。キスや告白をした出演者には報奨金が出るという。制作スタッフのセクハラやパワハラも表面化したものの、大きな問題には発展しないまま、同年九月、いったん放送が終了している。

「テラスハウス」は、フジテレビ・オリジナルの番組ではない。一九九九年のオランダ「ビッグ・ブラザー」(!)の大ヒットを機に、世界中に溢《あふ》れたサルマネの一つだ。

この手の番組では、〝演出抜き〟を謳《うた》いつつ、わかりやすいキャラクターや話の大筋を事前に設定しておく必要がある。〝やらせ〟と言い切れるかどうかはともかく、まだ無名の出演者たちは、張り切るあまり、自分の役回りを過剰に演じてしまいがちだ。のぞき趣味《ピーピング》を満足させたい視聴者たちは、それを彼らの〝素〟の人格だと思い込んで反応する。

この間にはSNSが凄《すさ》まじい発達を遂げ、どのサルマネも極端な視聴者〝参加型〟番組になっていった。悪役と目された出演者への攻撃に止め処《ど》がない。それどころか、スタジオトークが攻撃を煽《あお》っていく。

危険なのは明白だった。米国では二〇〇四年からの一二年間で、二一人の番組出演者が自殺しているという（朝日新聞五月二六日付朝刊など）。わかっていてフジテレビは一五年九月、「テラスハウス」の放送を深夜枠で再開し、ネットフリックスでの配信も始めた。

今回は、問題とされたシーンの「その後」と称する動画まで配信していた。〝炎上〟に、さらなる燃料を投下したことになる。フジテレビは五月二七日、「テラスハウス」の制作中止を発表したが、これで済ませてはならない。ＢＰＯ（放送倫理・番組向上機構）は何をしているのか。

沖縄「慰霊の日」追悼式変質させるな

二〇二〇年六月二二日

六月二三日の「慰霊の日」に開催される沖縄全戦没者追悼式の会場が、例年通り、糸満市摩《いとまんしま》文仁《ぶに》の平和祈念公園式典広場に決まった。玉城デニー県知事が一二日に発表した。今回は新型コロナウイルス対策としての規模の縮小に伴い、同公園内の国立沖縄戦没者墓苑に変更される予定だったのが、元に戻ったことになる。

――これだけでは意味不明だという読者が大半かもしれない。沖縄県外ではほとんど報じられてこなかった話題なのだから、当然だ。

ただし、本来はローカルニュースで済ませてよい内容ではなかったはずだ。今回の決定に至った経緯は、きわめて重大な問題を孕《はら》んでいる。

沖縄県が追悼式の規模縮小を発表したのは五月一四日。参列者を一五人程度にとどめ、県民には自宅での慰霊を呼びかける。県外メディアの関心は、安倍首相の出席も求めないとした知事の方針に集中したのだが……。

県内の識者たちは、会場の移転先に眉を顰《ひそ》めた。式典広場と国立沖縄戦没者墓苑とでは性格が異なる。会場の変更は単なる場所の移動ではなく、追悼式の意味そのものを変質させてしまいかねないという。

式典広場の眼前にある「平和の礎《いしじ》」には、沖縄戦の全戦没者二四万人余の氏名が、国籍も、敵か味方か、軍人か民間人かの区別もなく刻まれている。一方の国立墓苑は、戦後、県内各地の住民が建立していた納骨所を政府が整理・統合し、「転骨」させたものだった。〈紆余《うよ》曲折《きよくせつ》を経て国家による遺骨の一元管理が実現したことになる〉。

そんな顛末《てんまつ》を書いて、沖縄タイムス五月三一日付の社説は、こう続けていた。〈県主催の追悼式を国家施設で開くことによって、沖縄戦における住民被害の実相がフタをされ、住民の犠牲が国難に殉じた崇高な死として一元的に意味づけられるおそれがある〉。

決して考え過ぎではない。沖縄にはこんな戦後史もあったのだ。

県民たちが致命的な被害の代償を求めた一九五二年。政府は沖縄戦の実態に鑑み、軍人・軍属を対象とする戦傷病者戦没者遺族等援護法を適用してはくれたが、その際、住民たちは被害者ならぬ準軍属として、戦闘に参加した見返りという位置づけを強いられた――。

玉城県政は結局、県内世論に配慮する形で、会場変更にストップをかけた。この間に政府の非常事態宣言が解除されていたこともある。とはいえ、これで一件落着とはいえそうにない。前記沖縄タイムス社説は、〈もう一つの懸念がある〉とも指摘していた。

〈コロナ対策を理由に、今年の慰霊祭を中止したり、規模を縮小する自治体や団体が少なくない。それがコロナ危機後の「ニューノーマル」（新常態）として定着するのではないかという懸念だ。（中略）慰霊の日の持つ意味が希薄化するおそれがある〉。

大切な価値観を、これ以上、奪われてはならない。

産経とＦＮＮの世論調査に重大不正

二〇二〇年七月六日

産経新聞社とＦＮＮ（フジテレビ系ニュースネットワーク）の合同世論調査に、重大な不正があったことがわかった。二〇一九年五月から二〇年五月までの一四回で合計約二五〇〇件、総調査件数の一七パーセントが偽りの回答だった。両社が六月一九日に発表し、これらの結果に基づく報道を全て取り消した。

発表によると、不正は調査会社「日本テレネット」（京都市）の管理職の主導で行われたという。関係者は、「電話オペレーターの確保が難しかった」「利益向上のためだった」などと語ったとか。なお、実際に調査が発注されていたのは「アダムスコミュニケーション」（東京都）という会社だったが、同社は業務の半分程度を、「産経」・ＦＮＮ側には無断で再委託に出していたとしている（朝日新聞六月二〇日付朝刊など）。第一報を聞いた瞬間、やはり、そうだったかと思った。「産経」とFNNの世論調査には、他社のそれに比べて、あまりに偏りが目立っていたからだ。

安倍晋三政権の支持率は常に高めで、憲法改正はいつも賛成多数。最近では、憲法を改正して「緊急事態条項」を新設することに「賛成」の人が六五・八パーセントを占めたとされた四月一一、一二日の調査が記憶に新しい。改正新型インフルエンザ特措法に基づく緊急事態宣言が出た直後で、本来は別次元の問題である「宣言」と「条項」が混同されやすい時期だったとはいえ、この数字は異様に過ぎていた。

はたして自民党の改憲勢力は、「産経」・FNNの〝調査結果〟に勢いを得た節がある。安倍首相に至っては、憲法記念日に右派団体のオンライン集会にビデオメッセージを寄せ、ここを先途と緊急事態条項の新設と、憲法九条に自衛隊を明記したい意向を叫んでいた。

世論調査は、世論の動向を汲《く》み取り、よりよい政策に反映させる目的で行われる。したがって当然、中立公正でなくてはならない。ところが現実は、実施主体であるメディアの論調を支持する回答が多めになりがちで、その原因は誘導的な設問にあると指摘されてきた。

それだけでも十分に問題だが、今回はそんなレベルをはるかに超える不祥事だ。しかも、その経緯が発表の通りであればまだしも、実は意図的な数字の操作だった可能性も捨てきれないのではないか。

それにしても、何ということなのだろう。公文書の偽造・改竄を常態化させ、会議の議事録も残さずに開き直る政府と、彼らの暴走をチェックする機能たるべきマスメディアが同じ穴の狢だ、とは。

余談だが、東京都が毎日発表しているコロナ感染者数とその内訳。今なお発熱などの症状がある人が門前払いを食うPCR検査を、歌舞伎町のホストたちにだけは集団で受けさせて導き出された奇怪な数字に、何の意味があるのだろう。小池百合子都知事の「大半は夜の街」なる戯言《たわごと》を、疑いも持たずに報じるメディアまで散見される。

小池氏に屈した新聞とテレビ

二〇二〇年七月二〇日

五月に『女帝　小池百合子』を出版したノンフィクション作家の石井妙子氏が、同じ版元の『文藝春秋』八月号に、「小池百合子に屈した新聞とテレビ」と題する論考を寄せた。七月五日の都知事選後の発売だが、脱稿は六月三〇日だと本文中にあった。

内容の柱は小池氏の〝カイロ大学首席卒業〟詐称疑惑を真剣に追及しない大手メディアに対する問責だ。

一九九二年の政界入り以来の噂《うわさ》だが、石井氏は現地で彼女と同居していた女性の証言を中心に、疑惑が限りなく真実に近い実情を、二〇一八年六月、やはり『文藝春秋』で暴いた。学歴詐称は重大な公職選挙法違反。辞任に至って当然のスキャンダルは、しかし、大手メディアに黙殺されたのである。

そうした経緯でまとめられた、有権者に必要な情報満載の『女帝　小池百合子』も、新聞やテレビは無視した。だけでなく、〈街頭演説もせず、他候補者との討論も避ける小池の姿勢を批判することもしない。これで言論機関といえるのか。報道といえるのか〉。

はたして都知事選は小池氏の圧勝に終わった。石井氏の憤りは正当である。新型コロナ関連の報道をはじめ、大手メディアを難じるべき材料は山ほどあるが、本稿では映像関係者の有志でつくる「Choose Life Project」の主催で六月二七日に開かれた四候補者のオンライン討論会を取り上げたい。

「(東京の)半年後には中国が、北京が冬季五輪を行います。国を挙げて必ずやってくるだろう、と。やはりここは、コロナに打ち勝った証《あかし》を目指すことが必要です」

来年夏に延期された東京五輪について、小池氏はこう述べていた。山本太郎氏が安全を保障できないと中止を訴え、宇都宮健児氏が「浮かせた予算をコロナの被害救済に充てたい」と語ったのを受けた発言だ。

要は〝中国に負けないための五輪〟。安倍首相のオウム返しのような後段といい、五輪をどこまでも国威発揚の道具としてのみ捉える小池氏の暴言を、大手メディアはことごとく見逃した（東京新聞七月一日付朝刊特報面を除く）のは、全国紙四紙がＪＯＣとスポンサー契約を結んでいる五輪ビジネスの旨味ゆえか。

小池知事が関東大震災の際に虐殺された朝鮮人犠牲者らの追悼式典を開催させない方向に動いている事態も話題になった。この点を尋ねた司会の津田大介氏（ジャーナリスト）に、小池氏は「毎年九月一日に慰霊大法要を開いている」と返し、質問を忘れた体で「何でしたか？」。選挙に臨んで震災の被災者と虐殺の犠牲者を一緒くたにし、事の本質を敢《あ》えて軽んじてみせる精神構造もまた、大手メディアは伝えなかった。

都知事選では、あの「在特会」の元会長で、ヘイトスピーチの常習犯である桜井誠氏が一七万近くもの票を得、あろうことか五位に食い込んでもいた。東京とは差別の都か。世論形成に影響力を持つ大手メディアは万死に値する。

二〇二〇年八月三日

〝死なせる医療〟に誘導するのか

全身の筋肉が動かなくなる筋萎縮性側索硬化症（ＡＬＳ）の女性患者を殺害した容疑で、二人の医師が七月二三日、京都府警に逮捕された。宮城県名取市の大久保愉一《よしかず》容疑者（四二）と東京都港区の山本直樹容疑者（四三）は、昨年一一月、林優里さん（当時五一）の自宅を訪れ、薬物を投与したという。

府警は林さん自身の依頼による嘱託殺人と見て捜査している。山本容疑者の口座に故人から一三〇万円が振り込まれている事実も確認された。

被害者と加害者らはSNSで知り合ったようだ。大久保容疑者はかねて「議員定数を若干減らすよりも、尊厳死法とか安楽死法を通した方が財政は持ち直すと思うけど」（二〇一六年二月）とか、「安楽死はじめました。（時価）いくらなら払う?」（二〇年四月）などのツイートを重ね、「高齢者を『枯らす』技術」と題するブログも発信していた。同様の内容を詰め込んだ電子書籍まで、山本容疑者との連名で発行している（京都新聞七月二六日付朝刊など）。

彼は高齢者を「ゾンビ」呼ばわりする。「やっぱりオレはドクターキリコになりたい。というか世の中のニーズってそっちなんじゃないのかなあ」（一三年四月）とつぶやいたことも（「文春オンライン」七月二三日発信）。ちなみに「キリコ」とは故・手塚治虫の名作漫画「ブラック・ジャック」に登場する、難病患者を巨額の報酬と引き換えに〝殺してあげる〟外道の名前だ。露骨な優生思想を、いかにもネット世代の全能感に満ち満ちて、ビジネスの論法で語る新自由主義丸出しの発想が、筆者には許せない。

マスコミの論調は、しかし、総じて歯切れが悪い。ALS患者や支援団体に取材し、命に軽重はないと主張させる報道の一方で、むしろ容疑者らの姿勢を貴重な問題提起と捉え、世論をある方向に誘導しようとする解説も目立つ。殊に大手のメディアは、容疑者のツイート引用に当たって、その人物像に直結する内容のものを避けたがってもいるようだ。

そのはず、〝死なせる医療〟こそは、政府が虎視眈々《こしたんたん》と狙っている、近い将来の国策なのである。詳細は割愛せざるを得ないが、社会保障費削減の切り札にしたい意図が隠せない。透析患者を目の敵《かたき》にした暴言を繰り返している麻生太郎副首相兼財務相が、にもかかわらず職を追われもせず、それどころか再び首相就任の可能性を囁《ささや》かれている状況は、本欄でも幾度か書いたと記憶する。

はたしてALS嘱託殺人事件の第一報が出た直後の二五日には、精神障害者と団体の全国組織「全国『精神病』者集団」が、こんな声明を発表していた。「この事件で、まず報道すべきことは、容疑者の人物評価・差別意識であるはずです。しかし、中には被害者が同意していた事実にフォーカスを当てて安楽死・尊厳死法制化の議論を扇動するものが散見されます。(中略)非難されるべき行為を法律をつくって追認させようとする論調は間違っています」。同感だ。

生産性を追求する〝新しい生活様式〟

二〇二〇年八月二四日

「新しい生活様式」の新語を、妙なところで発見した。七月二、三日の両日に開かれたオンラインセミナー「Super city/Smart city OSAKA」（JTBコミュニケーションデザイン主催）での、永山寛理《ひろたか》・内閣府地方創生推進事務局参事官による基調講演「『スーパーシティ』構想の実現に向けた取組について」。そのサマリーに、少子高齢化や労働力の低下などの解決のほか、〈新型コロナウイルス感染症対策を踏まえた新しい生活様式の定着〉も、「スーパーシティ」の狙いとする旨の記述があった。

「スーパーシティ」とは、社会インフラに高度な情報処理・制御能力を持たせ、AI（人工知能）やビッグデータを活用して、自動運転やキャッシュレス決済、遠隔医療・遠隔教育など、都市生活のすべてを一新させる構想のこと。政府が全国展開を急ぐ国策で、五月中旬には、そのための改正国家戦略特区法案が可決・成立している。

〝丸ごと未来都市〟だと政府は宣伝しているが、実態は人間の全行動が見張られるウルトラ監視社会だ。にもかかわらず、国民の関心がコロナに集中している間隙《かんげき》を突く形で審議され、採決されたため、国民民主党の原口一博国対委員長が「火事場泥棒のよう」と憤る一幕（毎日新聞五月二八日付朝刊）もあった。

一方で、「新しい生活様式」は、五月初旬にコロナ対策の専門家会議によって提示された行動規範の実践例――ソーシャル・ディスタンスの確保、マスクの着用、テレワークをはじめとする働き方の改革等――のことだとしか、一般には受け止められていない。コロナと「スーパーシティ」とは無関係だったはずなのに。

永山氏の講演は、強引な後付けだろうか。違う。「新しい生活様式」にはもともと、コロナ対策をはるかに超えた意味が込められていたのだと、筆者は断じたい。

「新しい生活様式」は、日本での感染拡大が本格化する前の一月二三日に内閣府の「総合科学技術・イノベーション会議」が公表した「ムーンショット型研究開発制度が目指すべき『ムーンショット目標』について」に、すでに登場していた。それによれば、政府は二〇五〇年までに個人が一つの仕事に対して一〇体以上のアバター（身代わりロボットや3D映像等）を自在に操作できる基盤を構築し、〈誰でも身体的能力、認知能力及び知覚能力をトップレベルまで拡張できる技術を開発し、社会通念を踏まえた新しい生活様式を普及させる〉という（傍点引用者）。

人間とAI（人口知能）ロボットの融合、と読むこともできる。目指されるのは果てしのない生産性の追求か。私たちはどんな世界に連れていかれてしまうのか。前出の永山参事官は七月一二日付で宮崎県副知事に就任した。

たとえば以上のような事実の報道を、なぜかマスコミは怠りがちだ。マスクを離せない生活だけが、「新しい生活様式」なのではない。日常的に使われる言葉に隠された、本当の意図を知りたい。

安倍首相辞任でも残る説明責任

二〇二〇年九月七日

安倍晋三首相（六五）が辞任を表明した。先月二八日に記者会見し、持病の潰瘍性大腸炎が再発したことを理由に決断したと述べたもの。就任して七年八カ月、連続在職日数で歴代最長記録を更新したばかりだった。
在京各紙の翌二九日付社説を読み比べてみたが、特筆すべき記述は見当たらない。例によって安倍政権に好意的な「読売」、「産経」、「日経」と、批判的な「朝日」、「毎日」、「東京」の構図が、そのまま繰り返されただけである。一応、見出しだけを挙げておくと、
〈危機対処へ　政治空白を避けよ／政策遂行に協力体制が要る〉（「読売」）
〈速やかに自民党総裁選を／「安倍政治」を発射台にせよ〉（「産経」）

〈コロナ禍に政治空白は許されない〉(「日経」)
〈「安倍政治」の弊害　清算の時〉(「朝日」)
〈行き詰まった末の幕引き〉(「毎日」)
〈「安倍政治」の転換こそ〉(「東京」)

といった具合。読まなくても中身がわかる新聞論調も、すなわち安倍政治が日本社会にもたらした不幸のひとつではある。朝・毎・東が問題視した「モリカケ」および「桜を見る会」の問題が、読・産・日では、まるで存在しないことにされていた。

二派のどちらに近い意見かと問われたら、筆者は当然、朝・毎・東の側になる。ただしモリカケも「桜」も、これで終わりではなく、安倍氏の説明責任、国会の解明義務は残るのだという視点が、彼らにも欠けていたのは残念だ。なお、「安倍政治」が傷口を広げた沖縄の米軍基地問題に言及していたのは、ひとり「毎日」だけだった。

〈(安倍辞任を)この間、深く傷つけられた日本の民主主義を立て直す一歩としなければならない〉と、「朝日」は書いていた。同感だが、容易ならざる道である。国民に服従だけを求め、強行採決を常態化させた安倍政権の罪業はあまりに重く、再生には最短でも一〇年は要しよう。

それほどまでに、現代の日本社会は異常だ。階層間の格差拡大が当然視され、差別が罷《まか》り通る。表現の自由は権力にすり寄るベクトルにのみ開かれて、戦争が否定されなくなった。ポスト安倍が誰になっても不安は尽きないが、とりあえず今は、彼の辞任を素直に喜びたいと思う。それにしても――。

安倍氏の言い分を疑う新聞が現れないのが不思議だ。持病再発の兆候を知ったという六月にも、体調が悪化したとされる七月中旬にも、安倍氏はフレンチレストランやステーキ店での会食を重ねていた。辞任は第一次政権当時と同様、責任を投げ出したかっただけで、病気は単なる口実では、と指摘したのは、ネットメディア「リテラ」（二九日配信）くらいである。

加えて筆者は、安倍氏の母親である洋子氏（九二）の健康状態を知りたい。故・岸信介元首相の娘であり、安倍政権の〝大日本帝国〟復活への野望は、彼女の求めに負っていたと考えられるからだ。

自民党総裁選　報道〝規制〟の文書

二〇二〇年九月二一日

この国のマスコミは、ついに取り返しのつかない段階まで堕ちてしまった。自民党が九月七日付で新聞・通信各社に党総裁選の報道に注文をつける文書を出していた事実を、ほとんどの報道機関は伝えなかった。例外は東京新聞と共同通信、および同通信に加盟する地方紙のいくつかのみである。

文書は野田毅・総裁選挙管理委員長の名義で、取材を規制するものではないとしながら、記事や写真の「内容、掲載面積などについて、必ず各候補者を平等・公平に扱ってくださるよう」お願いする、というもの。自民党は二〇一八年の総裁選でも同じ注文をつけていたし、一四年にはなんと衆院選で、在京テレビ各局に報道の〝公平性〟確保を求める文書を出していた。

選挙に恣意《しい》的な報道が許されないのは当然である。しかしジャーナリズムは単なる伝言板ではない。場合によっては己の取材と誇りにかけて、原理原則を逸脱することもあるのが記者であり、それこそが報道・表現の自由というものの本質なのだ。

自民党はそこに、民主主義の根幹ともいえる価値に、政治権力をもって、土足で踏み込んでいる。独裁政治の傲慢《ごうまん》も極まれりだが、それ以上に問題なのは、むしろ舐《な》められきったマスコミ側だ。文書の存在を書いたのは「東京」と「共同」だけと述べたが、後者の報道に批判的なニュアンスはなかった。そもそも取り上げもしなかった圧倒的多数のメディアは、自民党の強権とメディア支配に慣れきって、もはや何がどう問題なのかもわからなくなっているのではないか。

ある意味では、かえって自民党の文書は一理あるとさえ言えてしまうのかもしれない。というのは、総裁選での菅義偉《すがよしひで》官房長官優勢が明白になったと同時に、新聞もテレビも一斉に、かつ自主的に、いとも簡単に菅氏と、彼が継承を強調した安倍晋三前首相のご機嫌取り一色に染まっていたからだ。

新型コロナ対策の不手際で急降下していた安倍政権の支持率が跳ね上がったのは記憶に新しい。八月末から九月はじめにかけての世論調査で、マスコミ各社はほんの二、三週間前には三〇パーセント台に落ち込んでいた支持率が、共同通信で五六・九パーセント、読売新聞で五二パーセント、毎日新聞で五〇パーセントにまで、すなわち一気に一五〜二〇ポイントも上昇したと報じた。さる六月に産経新聞とFNNの世論調査が捏造《ねつぞう》だった実態が発覚した経緯（本書五五ページ）もあり、こんな数字が信用に足るとは思えぬが。

〝令和おじさん〟こと菅氏は、スイーツ好きの甘党で、「かわいい」人なのだという。ワイドショーによる連日の大ヨイショで、筆者までが刷り込まれた。いや、テレビばかりではない。時事通信は一一日付の配信記事で、彼が好きなのはホテルニューオータニのコーヒーショップ「SATSUKI」の特製パンケーキだと伝えた。「低温で一〇分かけてじっくり焼き上げてあり、ふわふわした食感が楽しめる」そうだ。バカか。

二〇二〇年一〇月五日

一体化する権力とメディア

前回のラストに書いた菅義偉新首相のパンケーキ話をもう少し。くだらなすぎて読者には苦痛かと思われるが、しばし我慢を。

連日の〝報道〟によれば、菅氏のお気に入りは、東京・紀尾井町の「SATSUKI」とか。ニューオータニのコーヒーショップだ。「桜を見る会」の前夜祭の舞台となった、いわくつきのホテル。安倍晋三事務所との並々ならぬ関係も、週刊誌などですっぱ抜かれてきた。

ここでは『週刊新潮』の昨年一一月二八日号を引こう。ニューオータニのパーティプランは最低でも一人一万一〇〇〇円なのに、「前夜祭」の参加費は五〇〇〇円。差額を安倍側が補塡したなら公職選挙法違反の疑いが濃厚で、ちなみに「SATSUKI」のパンケーキはそれだけで三〇〇〇円以上で、〈それと比べると、やはり5000円は〝破格〟の値段に思える〉という（菅氏の好みはすでに有名だった）。

相手は安倍路線の反省ならぬ継承を宣言した新首相だ。仮にも記者ならば、こうした皮肉にも触発されて、次のアプローチを発想できなければ嘘だが、そんなマスコミは皆無だ。猫も杓子《しやくし》も在任中の「桜を見る会」中止決定を讃《たた》える一方で、あの馬鹿げた公私混同の中心に菅氏がいた事実には蓋をしてしまっている。

この間には「桜を見る会」の招待客だったマルチ商法「ジャパンライフ」の元会長・山口隆祥容疑者が逮捕もされた。それでも加藤勝信・新官房長官が九月一八日の記者会見で再調査の必要を認めず、「桜」のあからさまな幕引きを表明した際でさえ、ほとんどのメディアは強い反応を示さなかった。

少し前の話だが、読売新聞の六月二〇日付朝刊コラム「補助線」に、小田尚なる人物が、例の検事総長人事の問題を取り上げて、官邸の主張をそのまま垂れ流すような文章を書いていた。署名には「調査研究本部客員研究員」とあるのみで、いったいどこの、何をしている組織なのかもわからない。

ところが、九月になって小田氏の正体が判明した。読売新聞の東京本社で政治部長や論説主幹、副社長などを歴任し、退任直後の二〇一八年三月に国家公安委員となっていた男（六九）。「調査研究本部」は「読売」の社内シンクタンクだった。

暴いたのは江畑忠彦・元共同通信編集局長（七一）。書き手の立場を意図的に隠した記事は公正でなく、報道の使命、責務を放棄したに等しいと、専門誌『メディア展望』九月号で指摘し、『サンデー毎日』の九月二七日号が、そのことを詳報した。

江畑氏の怒りはジャーナリストとして正当だ。だが残念なことに、同じ共同通信で現役の論説委員兼編集委員を務めている柿崎明二氏（五九）が、菅政権の首相補佐官に就任するとの噂が業界筋では専ら。本稿が読者の目に触れる頃には発表済みかもしれない。政治権力とマスメディアの一体化は、どこまで進むのか。

軍事化に歯止めをかけた砦への憎悪

二〇二〇年一〇月一九日

この世の終わりを見せつけられている気がする。菅義偉首相が九日、日本学術会議を行政改革の対象とし、組織を見直す意向を明らかにした一件のことである。

理由が振るっている。翌一〇日付の読売新聞朝刊は、同会議の活動実態が公務員の配置や公金投入に見合っていないと示唆しつつ、年間予算が約一〇億円にも上るのに、〈法律に基づく、政府への科学政策などに関する勧告を10年8月以来、行っていない〉などと書いていた。

相変わらずミスリードも甚だしい。事実はやはり九日の野党合同ヒアリングでの、「答申がないのは、政府の諮問がないから」という広渡清吾・元学術会議会長の言葉通りなのだが、この点には断じて触れないのが、いかにも「読売」だった。

当初は「同会議が推薦した新会員候補一〇五人のうち、なぜか六人が任命拒否された問題」だった。彼らには安保法案や共謀罪に反対した共通項があるため、「学問の自由への侵害」だと批判されていたが、どんどん話が膨らんでいく。

議論のすり替えだと言いたくなるが、政権の本命は、むしろ〝行革〟のほうで、しかも長期にわたって練られてきた計画であるらしい。前記「読売」は、「学術会議の役割に関心が集まっている。これを機会に……」なる菅発言も引いていた。要は従順でない人物の排除は、同時に学問の国家支配体制構築の〝機会〟演出でもあったと見ていい。

日本学術会議は一九四九年に設立された科学者の代表機関だ。内閣府の所轄下ではあっても、政府とは独立した「特別な機関」。学問が戦争に利用された時代への反省から、五〇年に「戦争を目的とする科学の研究は絶対にこれを行わない」と宣言し、ベトナム戦争のただ中だった六七年にも同じ趣旨の声明を出している。

戦後日本の軍事化に一定の歯止めをかけてきた学術会議を嫌悪する勢力が存在したことはいうまでもない。そして二〇一七年、今度はより具体的に、日米軍事同盟の深化に伴い発足した防衛装備庁による委託研究に明確に反対する声明が発表されるに及んで、彼らの同会議に対する憎悪はピークに達した。結果、今回の事態に至ったと考えていい。

さて、「読売」以上に凄まじいのがフジサンケイグループだ。新聞だけでなく、ワイドショーや報道番組も動員し、政権と一体になって学術の砦《とりで》の解体に躍起になっている。かつて一九八〇年代、時の中曽根康弘政権による国鉄分割民営化および国労潰しを正当化する原動力になっていた時代が想起される。四日のフジテレビ系「日曜報道　ＴＨＥ　ＰＲＩＭＥ」では、自民党の新藤義孝政調会長代理（元総務相）に、「（学術会議は）国策の推進機関だ」とまで言わせていた。

アカデミズムに軍事独裁国家の一翼を担わせてはならない。まだしも真っ当なメディアの奮闘が、この国の未来を左右する。

中小企業つぶしの旗を振るのか

二〇二〇年一一月二日

「新型コロナ時代の企業の事業再構築」「生産性向上」「強靭《きょうじん》なサプライチェーン」「足腰の強い中小企業の育成」などを、菅義偉首相は重点課題として挙げた（時事通信一〇月一六日付配信）。新政権発足から一カ月目のこの日、官邸に新設された「成長戦略会議」の初会合。一見もっともな指示にも聞こえるけれど、はたしてそうか。

不安なのは有識者委員の構成だ。前政権の「未来投資会議」に参加していた竹中平蔵（パソナグループ会長）や三浦瑠麗《るり》（タレント）ら各氏が続投し、櫻田謙悟（経済同友会幹事）、デービッド・アトキンソン（小西美術工藝社社長）ら各氏が新たに起用された。

竹中氏と菅氏は、小泉純一郎政権時代の総務相と副大臣の関係である。格差拡大の張本人が、またぞろ重用されるのだ。櫻田氏はコロナ対策としての一律一〇万円給付に関する「電子マネーが望ましい」「現金では貯蓄に回ってしまう」発言が今も生々しい。他人の苦しみを想像できない人だとわかる。

要注目はアトキンソン氏である。国際金融資本ゴールドマン・サックス（GS）の元アナリスト。マネーゲームに倦《う》んで退社し、重要文化財の補修最大手の小西美術工藝社入りしたとの触れ込みだ。

令和の〝お抱え外国人〟となる男の持論が酷《ひど》い。日本の生産性が低いのは中小企業のせいだと根拠もなく断じる。この五～七月にかけて、そんな絶叫を連載したビジネス誌『プレジデント』を引いてみよう。

〈中小企業は、小さいこと自体が問題。ですから、中小企業を成長させたり再編したりして、器を大きくすることをまず考えるべきです。／それができない中小企業は、どうすべきか。誤解を恐れずに言うと、消えてもらうしかありません〉。

最低賃金の引き上げは、そのためにこそ進めるべきだとまで言う。耐えられない中小企業が潰れることが、〈日本全体を豊かにすることにつながる〉のだそうだ。

他方、一三日には六人の内閣官房参与が任命されている。ここでも竹中氏に近い元財務官僚の高橋洋一・嘉悦大教授や、『消費税が日本を救う』（日本経済新聞出版社、二〇一二年）の著書がある熊谷亮丸・大和総研チーフエコノミストが名を連ねた。同書には、消費税の「輸出戻し税」に対する真摯《しんし》な批判を、〈「大企業（金持ち）がたくさんお金をもらえて羨《うらや》ましい」という、俗物根性以外の何物でもない〉と嘲罵《ちょうば》する記述さえあった。

人間の営みというものを露ほども理解できず、その集積である経済社会を己の掌《てのひら》にあるゲーム盤としか見なせない人々は恐ろしい。朝日新聞（一〇月一七日付朝刊）は、そんな彼らに、「首相は他からの指摘を受け入れられないくらい心酔している。硬直的な態度がマイナスにならなければいいが……」という自民党幹部の懸念を紹介していた。腰が引けまくった筆致には呆れたが、一連の人事を通り一遍の報道で済ませた他紙やテレビに比べたら、まだマシだった。

異常事態の米国大統領選

二〇二〇年一一月一六日

米国のニュース専門チャンネルCNNのキャスター、A・クーパー氏は吐き捨てた。"an obese turtle on its back flailing in the hot Sun.（熱い太陽の下でじたばたしている肥えたカメ）"のようだ、と（英紙INDEPENDENT電子版など）。

大統領選の開票が大詰めを迎えた六日、ホワイトハウスでのドナルド・トランプ（共和党）の記者会見を評した言葉だ。劣勢の現職大統領は、相手陣営が不正を働いていると詰《なじ》りまくった。多くは虚偽と見なされて、NBCなどの主要メディアは中継を打ち切ったが、CNNと、トランプ寄りで知られるFOXニュースだけは会見の模様を最後まで放送していた。

クーパー発言からは、トランプの往生際の悪さが、モロに伝わってくる。はたして彼は、いくつもの激戦州で不正があったと主張し、開票の停止を求める訴訟を連発。ミシガンやジョージアでは退けられたが、法廷闘争はさらに拡大されていく見通しで、最終的には連邦最高裁判所に委ねられることにもなり得る。その場合、先のトランプ氏によるA・C・バレット判事の指名で保守派六、リベラル派三の構成となった同裁判所が、どう判断するものだろうか。

いずれにせよ、本稿の締め切り時点では明確な決着がつけられていない。全国紙各紙がバイデン氏の優位を伝えつつ、慎重な姿勢を崩さない所以《ゆえん》である。

そんな中で興味深かったのが、七日付の産経新聞だ。それによれば、各州で確定された選挙人らが一二月一四日に公式投票を行い、それでもトランプ側の訴訟攻勢や再集計要求等が続き、いつまでも勝敗が決定できなかったら――。

〈下院が大統領を選ぶ事態になる可能性も完全には否定できない〉という。合衆国憲法修正一二条の規定に基づく措置で、第三代ジェファーソン大統領も一八〇〇年に、そうやって決まった。大統領選と同時に実施された下院選では共和党の議席を増やしたようなので、〈下院での選出ならトランプ氏が再選される公算が大きい〉のだとか。

もともとトランプ支持の「産経」らしい紙面ではあったが、事実関係に間違いはない。投開票前日の毎日新聞朝刊（二日付）「質問なるほドリ」欄も、下院までもつれ込む可能性を示唆していた。長期化が現実になりそうな状況での「産経」解説はより理解しやすく、筆者にはありがたかった。

異常かつ、一筋縄ではいかない大統領選だ。対立候補のジョー・バイデン氏（民主党）なら素晴らしいかと言えば、そんなこともない。「産経」（三日付）は、マスク着用やワクチン接種を義務化するという彼の意向に言及している。〝内向き〟のトランプとは異なる、在日米軍重視派のバイデンが大統領になれば、「日本は、対中国を睨《にら》んだ〝ミサイル基地〟になってしまう恐れがある」とする元外務省国際情報局長・孫崎亨《まごさきうける》氏のコメントを載せたのは、日刊ゲンダイ（五日付）だった。

中国ドラマが想起させるもの

二〇二〇年一一月三〇日

テレビドラマ「コウラン伝～始皇帝の母」が面白い。世界的に大ヒットした「瓔珞《えいらく》～紫禁城に燃ゆる逆襲の王妃」に続く、中国の最新歴史大河作品だ。日本ではこの九月から、NHK－BSプレミアムで放送されている（全三四回）。

舞台は紀元前の春秋戦国時代。趙《ちょう》の豪族の娘だった李皓鑭《りこうらん》は、継母の策略で実母を殺され、家を追われる。どん底の窮状を救ってくれた政商・呂不韋《りょふい》とともに乱世を生き抜き、ついには秦の国王の孫・嬴異人《えいいじん》と結ばれて、やがては始皇帝の母となる――。

　権謀術数が錯綜する物語も、「私に命令しないで！」が口癖の主人公の人物像も、やたら広々した空気感も、大胆でコミカルな場面展開も、何もかもが中国らしくてエキサイティング。ただ、気になってならないことがある。最後の方では皓鑭の息子・政（後の始皇帝）が天下統一を進めようとするところまでが描かれるそうだが、とすればその母だけでなく、絶対王制を敷いた史上屈指の独裁者の礼賛、少なくとも美化に通じてしまうのではあるまいか。

　折しも中国では、習近平国家主席が事実上の〝皇帝〟になりつつある。二〇一八年三月の全国人民代表大会（全人代）で、その地位の任期が撤廃されたばかりか、一四年ぶりに改正される新憲法に、「習近平の新時代の中国の特色ある社会主義思想」や、彼の唱える「中華民族の偉大な復興」を明記することが決められてさえいるのだ。

　中国では昨年来、一部地方の図書館で、当局が〝不適切〟と見なした書物を焼却する「焚書《ふんしょ》」が繰り返されているという（毎日新聞二〇年一月四日付朝刊など）。始皇帝による焚書坑儒《こうじゅ》（対立する儒者四六〇人を生き埋めにもした）の史実を連想させて余りある。ドラマ「コウラン伝」には、習近平の独裁体制を中国人民に納得させる意図が込められているのでは、と見るのは、穿《うが》ちすぎだろうか。

　そんなことはない、と筆者は思う。日本では残虐な暴君とばかり伝えられてきた始皇帝だが、本国では毛沢東の文化大革命時代に、儒教を〝反動的〟と捉える立場から擁護されていた。さらに言えば、莫大な人口を擁する国家を維持するためには、〝膨張〟と〝一極集中〟を徹底していく以外に道はないという発想は、始皇帝以来の中国史において、貫かれ続けてきた政治思想なのである（『週刊エコノミスト』二〇一二年一〇月九日号など）。

呉謹言《ウージンイエン》、茅子遠《マオズージュン》、聶遠《ニエユエン》の主役トリオと、プロデューサーの于正《ユージョン》は、先述の「瓔珞」とまったく同じ。制作サイドの力の入れようがわかろうというものだ。

所詮は外国の話である。面白ければそれでいい、のかもしれない。だが、明日は我が身の言い伝えもある。歴史に材を採ったドラマは恐ろしい。警戒しつつ楽しむ姿勢が肝要なのだろう。

大企業の腐敗進める公的マネー

二〇二〇年一二月一四日

〈日銀が年内にも日本企業にとって「最大の株主」となる公算が大きい。さまざまな銘柄の株式をひとまとめにした上場投資信託（ＥＴＦ）の購入を続けており、実質的な株式保有額（時価換算）で首位になりそうだからだ〉と毎日新聞が経済面トップで報じたのが先月二一日付朝刊。すると翌週二六日にはＮＨＫが、

〈日銀がきのう（二五日）時点で保有しているＥＴＦ全体の時価総額は四五兆一六〇〇億円

に上り、東証一部に上場する企業の株式のうち、六パーセント余りを保有している計算になるということです〉。すでに日銀の株式保有額は、GPIF（年金積立金管理運用独立行政法人）のそれを上回りつつあるという。

いずれも朝日新聞の一〇月二三日付朝刊一面トップ〈公的マネーが大株主　8割／GPIF・日銀／東証1部　4年で倍増　1830社に〉の後追いだ。十分な裏付けを取った結果の遅れなら仕方がない。

アベノミクスの〝ウリ〟とされた株高が、所詮は官製相場だという批判は珍しくないが、実態は不明な点が多かった。安全第一であるべき年金保険料による株式投資の事実はまずまず知られていても、日銀までとは。具体的かつ詳細に報道されたのは、今回が初めてではなかったか。

日銀は二〇一〇年一二月にETFの購入を開始している。TOPIX（東証株価指数）などの株価指標と連動する投資信託で、翌一三年三月に登場した黒田東彦《はるひこ》新総裁が、「異次元の金融緩和」を打ち出して以降、加速度的に買い増し続けてきた。

すると、どうなるか。二〇一七年に出版された『アベノミクスによろしく』（集英社インターナショナル新書）に挿入されたキャラクターのやり取りが的確だ。

――アベノミクスで株価が上がったでしょ　民主党の時代とは比べものにならんよ

「日銀と年金でつり上げてるだけだろォォォ！」

著者の明石順平氏は、主に労働事件を扱う弁護士が本職だけに、金融当局に忖度しがちな経済学者やマスコミの経済記者よりずっと早くから本質を指摘できていた。安倍晋三前政権のイカサマぶりは底なし沼か。

「朝日」、「毎日」、NHKによる一連の報道は、さらに日本企業の多くが事実上、〝国有化〟されている現状を問題視した。〈ETFでは、株主総会における議決権行使は運用会社にゆだねられている。これでは企業の経営に対する株主の監視が弱まりかねない。（中略）「経営者に市場の声が届かず、危機感が乏しくなっている恐れがある」（エコノミスト）〉と指摘したのは「毎日」だ。

御用シンクタンクの提言等もあり、日銀のETF買い増しは、今後も拡大していく公算が大きい。中小零細の事業は〝ゾンビ〟呼ばわりで廃業や倒産に追い込みたがる政府が、大企業の腐敗を積極的に進める構図は、この国が利権でしか動いていない証左である。

二〇二一年一月一一日

コロナ口実に国家財政を私物化

政府が国費総額約三〇・六兆円を支出する巨額の追加経済対策を閣議決定した。「新型コロナウイルス感染拡大を受けた」との修飾が強調されているが、内訳を見ると、医療機関への緊急包括支援交付金の増額や、時短要請に応じた店舗への協力金など、明確に「コロナ拡大防止」が目的だといえるものは、全体の二割にも満たない五・九兆円にすぎない。

同額に近い五・六兆円が道路や鉄道等のインフラの復旧・老朽化対策といった「国土強靭化」に充てられる。何よりも、「コロナ後に向けた経済構造の転換と好循環の実現」名目で、なんと約一八・四兆円が、この間にかえって感染を広げたＧｏ Ｔｏ事業の延長や、かねて菅政権が打ち上げていた〝マイナンバー〟の普及をはじめとするデジタル化や脱炭素化の推進、研究開発強化のための大学基金創設などに投下されるというのだ。

経済構造の転換やインフラ整備など意味がない、コロナとも無関係だとまでは言わない。言わないが、〈必要な事業の積み上げではなく、政権の対応をアピールするため、規模感が優先された側面が否定できない〉（朝日新聞九日付朝刊）とは、多くの国民に共通する思いだろう。いうまでもなく解散総選挙を睨んだイメージ操作。最も喫緊であるはずの検査・医療体制の充実はおろか、苦境にある非正規労働者や中小・零細事業者の支援はまるで不十分なのだから、不安の解消とはほど遠い。

ということは、経済再生の役にも立ちはしない。コロナを口実に、またぞろ与党政治家や高級官僚、彼らに群らがる政商どもが、国家財政を私物化しているだけではないのか。

全国紙や在京紙の多くが、本音ではこれに近い見方をしているようだ。日頃は大企業寄りの

愛読者はがき

ご購読ありがとうございます。出版企画等の参考とさせていただきますので、下記のアンケートにお答えください。ご感想等は広告等で使用させていただく場合がございます。

① お買い求めいただいた本のタイトル。

② 印象に残った一行。

(　　　)ページ

③ 本書をお読みになったご感想、ご意見など。

④ 本書をお求めになった動機は？
1 タイトルにひかれたから　2 内容にひかれたから
3 表紙を見て気になったから　4 著者のファンだから
5 広告を見て（新聞・雑誌名＝　　　　　）
6 インターネット上の情報から（弊社 HP・SNS・その他＝　　　　）
7 その他（　　　　　　　　）

⑤ 今後、どのようなテーマ・内容の本をお読みになりたいですか？

⑥ 下記、ご記入お願いします。

ご職業	年齢	性別
購読している新聞	購読している雑誌	お好きな作家

ご協力ありがとうございました。　ホームページ www.shinnihon-net.co.jp

郵便はがき

料金受取人払郵便

代々木局承認

7648

差出有効期間
2023年12月25日
まで

(切手不要)

151-8790

243

(受取人)

東京都渋谷区千駄ヶ谷 4-25-6

新日本出版社

編集部行

ご住所	〒 都道 府県
お電話	
お名前	フリガナ

本のご注文は、このハガキをご利用ください。送料 300 円

《購入申込書》

書名	定価	円	冊
書名	定価	円	冊

ご記入された個人情報は企画の参考にのみ使用するもので、他の目的には使用いたしません。弊社書籍をご注文の方は、上記に必要情報をご記入ください。

「日経」や、政権べったりの「産経」までが、程度の差はあれ、追加経済対策に否定的な社説を掲げた。後者の〈注意したいのは、政権の看板に名を借りて不要不急の事業が紛れ込むことだ〉という指摘は、同紙にしては精いっぱいの権力批判だといっていい。

それでも唯一、例によって政権の全面擁護に躍起なのが「読売」だ。当たり障りがなかった社説はともかく、九日付朝刊経済面では〈投資促し「攻め」の戦略〉の大見出しで、あるエコノミストの「短期的な経済効果はわからないが、企業に行動を促す対策が多く、長期的に見て有効なメニューが多い」とする、かなり苦しいコメントまで載せていた。

コロナ禍を奇貨としたバラマキは、役に立たないばかりか、確実に禍根を残すだろう。財源は国債の発行だ。総選挙が終われば、菅政権は財政難を理由に消費税のさらなる増税を言い出す。コロナのせいにすれば何でも通る、と。いや、むしろそのシナリオも込みのワルノリか。これまた誰の目にも明々白々だから、なおのこと不安はいや増すばかりである。「読売」を除く各紙には、そこまで踏み込んでほしかった。

再宣言で問われる政権の正統性

二〇二一年一月二五日

菅義偉首相が新型コロナ対応の特別措置法に基づく緊急事態宣言を発出したのは、新年早々の七日だった。安倍晋三前首相による昨年四月の「宣言」に続く二度目。まず東京をはじめとする首都圏四都県が対象とされ、一三日までに関西、東海など七府県の追加が決定した。マスコミは一連の動きや菅首相の〝決意〟を子細に報じ、不要不急の外出自粛、飲食店の時短営業といった政府の要請を伝えるのに余念がない――。

頑張るしかないのは確かだ。ある程度の私権制限は甘受しなければならない局面もあるだろう。

だが、どうしても解せないことがある。市民の行動を規制し、人の生死にまで関わり得る強権を振るい始めた政権の正統性を、報道機関はなぜ問おうともしないのか。

たとえば元日の社説だ。筆者は例によって在京各紙を比較するつもりで読んでいたのだが、今年はコロナ禍のただ中とあって、実に多様だった。文明論のような「朝日」、民主政治や人間性の再生を呼び掛ける「毎日」と「東京」、経済活動再起動をと謳う「日経」、中国共産党批判の「産経」……。日頃は権力べったりで知られる「読売」の〈平和で活力ある社会築きたい〉と題する社説が、政治主導の〝改革〟にありがちな弊害にも目配りした、格調高いものだったのには驚かされた。

いずれも大事な論点だとは思う。ただ、「桜を見る会」をめぐり政治資金規正法などで告発されていた安倍前首相が年末に不起訴とされた問題や、コロナ感染拡大の第三波を招いた「Go To」キャンペーンの責任に言及する主張が見当たらなかったのが不安でならない。

不起訴の時点ですでに扱ったから、もはや過去の不手際を云々《うんぬん》している場合ではない……等々、訳知り顔の反論は無用だ。税金を私物化して国会を偽証ショーに貶《おとし》めた、あるいは国民の健康や生命より利権を優先した政治屋どもを不問に付し、〝何もなかったこと〟にしてしまえば、コロナ禍をむしろ奇貨とした悪行・愚行が、今後もいくらでも繰り返されていく。おかしくないか。感染拡大の元凶が、放火魔の火事場泥棒よろしく市民生活への介入を進め、私たちの人生を差配するオールマイティを手にするなどということが、許されてよいはずがないではないか。

筆者の知る限り、しかし緊急事態だからこそ政権の正統性が重要だとした論調は皆無である。日々の感染者数の推移に目を奪われるポーズで、その実、政権の無責任を後押ししているかのようだ。

なお東京五輪について、共同通信が九、一〇日に実施した世論調査は、四四・八パーセントの人が「再延期するべき」、三五・三パーセントの人が「中止するべき」で、否定的な考えの人が全体の八割を占めていることを示した。それでも強行したい政権の意向が報じられることはあっても、調査結果そのものを詳報したり、解説してくれるメディアはあまりにも少ない。

第三章　「五輪大成功」自画自賛の裏

2021. 2 . 8 ～ 21.10. 4

この頃の主なできごと

21年２月17日	日本でコロナワクチン接種開始
４月13日	放射能処理水海洋放出決定
６月11日	G7サミット開催
７月23日	東京五輪開幕
10月４日	岸田政権発足

平和の祭典を凶器に変質させる罪

二〇二一年二月八日

「人類が新型コロナウイルスに打ち勝った証《あかし》としての東京五輪」……。

いくらなんでもバカすぎる一つ覚えを、私たちは何度聞かされてきたことだろう。菅首相は先の施政方針演説でも繰り返し、それがまた無批判に垂れ流されていた。

安倍前首相以来の一つ覚えには決定的な嘘《うそ》がある。そもそも人類はコロナに打ち勝ってなどいない。負けっぱなしなのだ。

世界的な感染拡大は収束どころか、むしろ感染爆発さえ危惧《きぐ》されている。日本の感染者も見掛けの数字こそ小さいが、とっくに医療崩壊を来《きた》しており、入院どころか検査も治療も受けられないまま亡くなっていく人が続出している。

もはや日本の最大の不安要因は東京五輪だ。だから一月上旬の共同通信による世論調査でも、「中止」か「再延期」を求めると答える人が全体の八割を占めた。それでも強行する腹でいる政治など、あってよいはずがないではないか。

開催される場合は、すでに崩壊済みの医療現場から、さらに医師や看護師ら延べ一万人のスタッフが動員されていく。一月二六日の衆院予算委員会で橋本聖子五輪担当相が明言した。しかも一万人のうち責任者約五〇人以外は無報酬。ほとんど徴兵で、かつ見殺しの激増も想定内というわけだ。

一万人も無報酬も、本稿のスクープなどではない。公に発表されたり、国会で明らかにされた情報なのだが、全国紙やテレビは、人の目に触れないようにする努力ばかりを重ねてきた。筆者の知る限り、勇ましすぎる菅首相を論じて、まだしもマシかなと感じさせてくれたのは、朝日新聞一月二三日付朝刊オピニオン面「多事奏論」欄に載った、稲垣康介編集委員の論考くらいだったか。

〈「医療崩壊」の渦中で、オリパラを強行開催したと想像してみる。もし、自分の家族、親類がけがや病気になっても医療を拒否されたら、どう感じるか。（中略）平和な社会の推進と人類の調和のとれた発展にスポーツを役立てるのがオリンピズムの理想なのに、看板倒れになってしまう。〉

それにしたって腰が引けすぎている。何もかもわかっているのに、「お願いだから行間を読んでくださいよ」と、読者に甘えた文章だと、これでも物書きのハシクレの筆者は思う。「朝日」、「毎日」、「読売」、「日経」、「産経」の五大全国紙がそろってJOCとスポンサー契約を結び五輪ビジネスのインサイダーに成り下がり、報道機関としての魂を売り飛ばしてしまっている現実を呪わずにはいられない。

ヒト、モノ、カネの限られた資源を利権と国威発揚に濫費《らんぴ》して、救える命を敢《あ》えて救わない日本政府。コロナ禍は公衆衛生上の緊急事態および社会・経済の危機であって戦争ではない。彼らはしかし、平和の祭典をあろうことか凶器に変質させて、この世を戦場にした。事の本質を伝えないマスメディアも同罪である。

スクープ合戦に咲いた花

二〇二一年二月二二日

沖縄県名護市辺野古で建設中の米海兵隊の新基地に、〝日本版海兵隊〟こと「水陸機動団」を常駐させる密約が、日米間で合意されていた。辺野古新基地の実態は、日米軍事一体化の中核拠点であり、沖縄を半永久的な軍事要塞とする意図を帯びていた。

沖縄タイムスと共同通信の合同取材で、一月二五日に報じられたスクープだ。菅義偉《すがよしひで》首相は翌々二七日の参院予算委員会で将来的な配備も含めて否定したが、信用できない。取材では日米両政府の高官も事実関係を認めている。

米海兵隊は上陸作戦などの先制攻撃を得意とする、通称〝殴り込み部隊〟だ。それとの一体化とは、「専守防衛」の理念と完全に矛盾する。自衛隊が米軍の傭兵《ようへい》として戦争に駆り出されていく日も近いのではないか――。

あまりに重大な報道だ。その内容はネット等で検索していただくとして、本稿ではスクープがいかにして生まれたかを伝えたい。沖縄タイムス二月一日付朝刊の一面コラム「大弦小弦」欄で、阿部岳編集委員が一端を明かしている。

それによれば、彼が確度の高い情報を得たのは二年以上も前だったが、自衛隊の中枢から裏を取る手立てが見つからない。意を決して昨年五月、共同通信の石井暁編集委員に相談したところから、取材が本格的に動き出した。

〈防衛取材25年以上のエキスパート。何より、圧力としがらみを突破して政府が隠す事実を暴いてきた姿勢を尊敬している▼手に負えない以上、情報を提供して任せるつもりだった。事実が明らかになるなら誰が書いてもいいと切り替えた〉

が、石井記者は合同取材の形を提案してくれたのだという。異例のことである。取っ掛かりを摑《つか》んだ阿部記者の顔を立てると同時に、互いに補完し合えば、よりよい報道ができると考えたのだろう。はたして、その目論見は成功した。

いい話だと思う。報道の中身が中身だけに言いにくくはあるけれど、スクープ合戦の戦場に咲いた一輪の花。とりあえずは通信社と加盟社の関係ゆえに成立した連携プレーだったのは確かだが、それだけで終わらせてはいけない。阿部記者はこう結んでいた。

〈メディアの経営は厳しく、記者が減っている。権力は強くなり、秘密が増えている。見つけた秘密の断片を抱えたままでは、社会は変わらない。誰かと突き合わせれば全容が浮かぶかもしれない。組織と前例を超え、束になってかかりたい〉

問題は、しかしマスメディアの内側にある。辺野古新基地への日本版海兵隊の常駐計画を、全国紙やキー局のテレビは後追いさえしていない。せっかくのスクープも、したがって知らないままの人のほうが、おそらくは多い。つまり隠蔽《いんぺい》したい政府に加担してしまっている。

束になる前に、まず必要なのは志だ。阿《おもね》らない精神である。

『週べ』から学ぶもの

二〇二一年三月八日

〈メディアは何でもすぐに美談に仕立て上げようとする。困ったものだ。〉

野球専門誌『週刊ベースボール』（三月八日号、以下『週べ』）の連載コラムで、野球評論家の張本勲氏が書いていた。かつて東映や巨人などで活躍した大打者の発言は好悪が分かれるそうだが、筆者は「さすが」と感心させられることが多い。

〝喝〟は、メジャーリーグから古巣の東北楽天ゴールデンイーグルスに復帰した田中将大《まさひろ》投手をめぐる報道に放たれた。かつて広島東洋カープに戻ってきた黒田博樹投手と同じ「男気」

だと伝えられているが、〈まったく違う〉と言う。黒田は高額の年俸を袖にしての帰国だったが、〈田中は契約に至らず、仕方なく日本に帰ってくることになったのだ〉と。

田中より黒田のほうが立派だという話ではない。プロが「男気」だけで動く必要はないのだ。ただ、物語をでっち上げてまでニュースを盛るな、ということである。

もっとも、スポーツ・ジャーナリズムにこの手の脚色は付き物だ。コロナ禍での東京五輪強行にでも利用されるようだと話は別だが、そうでなければ、あまり厳しいのもヤボかなあ、とも思う。

筆者の経験則では、取材対象を批判するよりも、持ち上げるほうがずっと難しい。褒めた相手にボロを出されると、書いた記者の目利きのなさまで満天下に晒《さら》される。

例えば菅義偉首相は、初入閣した二〇〇六年当時から、秋田県の農家出身で、「集団就職」で上京……と報じられてきた。〝叩き上げの苦労人〟イメージはここに由来する。農家といっても県内有数の豪農で、集団就職ではなく、ただ単に都会に出てきただけだった実態が、ようやく広く知られるようになったのは、彼が首相に就任して以降のことである。

だが、もう遅い。有権者を欺く〝叩き上げ〟神話ゆえにあの男は現在の地位を得たと考えると、本人の創作ストーリーを垂れ流した記者たちの罪はあまりに深かった。

『週べ』の同じ号から、もうひとつ。やはり野球評論家・大島康徳《やすのり》氏（元中日、日本ハム）の連載に、メディアは各球団の新戦力にばかり注目するが、となると余計に、二、三年目あたりの選手はどうしているのかが気になるとして、幾人かの例を挙げていた。高卒一年目で一軍デビューを果たし大いに期待されながら伸び悩み、三年目の今季はキャンプの段階から二軍のままという選手への厳しくも温かい眼差しに感じ入った次第。

野球はドラマだ、人生だ、などという常套句《じょうとう》は好きではないが、そういう面があるのも確かだ。『週べ』からはいろいろ学べる。野球好きな読者にはおススメである。

今回は菅氏長男の総務官僚接待疑惑やらコロナワクチンの迷走やら腹の立つ事象だらけでテーマを選びかね、やや変則的な話題になった。たまにはこういうのもと思うのだが、いかがだろうか。

「政治責任」「虚偽答弁」の定義はない？

二〇二一年三月二二日

菅義偉首相がとんでもない暴言を吐いた。五日の参院予算委員会で、長男・正剛氏らによる総務省幹部接待問題について問われ、「政治責任の定義というのは、ないんじゃないでしょうか」と言い放ったのだ。

こんな開き直りが通るなら、政治家はどんな悪事に権力を行使してもよいことになる。が、大手メディアは批判の真似事さえしない。

政権べったりの「読売」や「産経」は当然のようにスルー。「毎日」、「東京」も同様で、在京紙では唯一活字にした「朝日」も、国会の様子を伝える記事中で、野党の追及を〈「～」とかわした〉などと、まるで菅氏の〝老練さ〟を讃《たた》えるような書きっぷり。

異常に過ぎる。絶望しつつもデータベースを検索してみると、それなりに報じた新聞がなくはなかった。北海道新聞（八日付朝刊）は、件《くだん》の菅発言を紹介した後、民主党政権だった二〇一〇年二月の衆院予算委での菅氏の質問を引いている。

彼は当時の鳩山由紀夫首相に政治資金疑惑が浮上した小沢一郎氏の民主党幹事長辞任を迫り、「刑事責任とは別に、政治的道義的責任というのは当然あり得ると思いますが」と質《ただ》していた。反論できない鳩山氏に菅氏は、「全くおかしい。これだけ重要な事実を確認していないのは、私は信じられない」と詰め寄って……。

〈一月の衆院予算委で、立憲民主党の本多平直《ひらなお》氏が野党時代の舌鋒《ぜっぽう》鋭い質疑を引き合いに「この時のあなたはどこへ行ったんですか」と問うと、首相は「記憶にありません」とだけ答えた。〉

だが、地方紙を含めても、一般紙ではこんなもの。読ませてくれたのは日刊スポーツ（九日付）のコラム「政界地獄耳」だ。〈安倍政権と菅政権が一体化している根拠に「政治責任」に対する根本的な認識がある〉と書き出し、この間における政官財の癒着《ゆちゃく》や徹底した無責任体質の蔓延《まんえん》、今回の開き直りなどを挙げて、厳しく結んだ。

〈官房長官・加藤勝信は「虚偽答弁については必ずしも固定した定義は国会の中においてあるとは承知していない」と、とても面白いことを言い出した。最新の世論調査では自民党支持率の回復が顕著だ。国民は民主主義に関心がないか、自分がいい思いができればと思う人たちばかりではないと願いたい。〉

加藤氏の妄言は昨年一二月、例の「桜を見る会」に関する安倍前首相の膨大な虚偽答弁が明らかになったことを受けた記者会見で発せられている。このコラムを読むまで知らなかった筆者は己の不明を恥じたが、もともと毎日新聞が、それも二〇〇字足らずで報じていただけなので、仕方ないかと安堵《あんど》し……次第に怒りが込み上げてきた。

「定義」云々《うんぬん》は安倍・菅両政権のワンパターンの言い逃れだ。その程度のことを明確に認識するのに、どうしてここまでの手間をかけさせられなければならないのか。マスコミは何のためにあるのか?

東京五輪・パラ五カ国調査の黙殺

二〇二一年四月五日

今夏の開催が予定されている東京五輪・パラリンピックの是非を問う世論調査で、「中止すべき」「さらに延期すべき」と考えている人が、米国で七四・四パーセント、フランスで七〇・六パーセント、中国で八二・一パーセント、韓国で九四・七パーセント、タイで九五・六パーセントを、それぞれ占めた。公益財団法人「新聞通信調査会」（理事長＝西沢豊・元時事通信社社長）が昨年一二月から今年一月にかけて実施し、各国で約一〇〇〇人ずつの回答を得て、この二〇日に発表した。

あまりに重大な判断材料であるはずだ。日本国内でも八割以上の人が今夏の開催に否定的なのは二月八日付の本稿（本書八八ページ）で紹介した通りだが、諸外国でも、これほどまでに歓迎されていないとは。

ところが在京各紙のうち、「読売」と「日経」の両紙は黙殺した。「朝日」、「毎日」、「産経」、「東京」も二段程度の小さな扱い。やはり二〇日に行われた政府と東京都、大会組織委員会、IOCなどの代表者による五者協議で、海外からの一般観客の受け入れ見送りが正式決定されたのと同じ紙面に掲載した割には、四紙とも解説の真似事さえ試みず、数字の羅列にとどめていた。

報道だけでは何もわからないので、筆者は新聞通信調査会に直接、問い合わせた。それによると、前掲の五カ国を調査対象としたのは米、欧州、東アジア、東南アジアを代表させる形を採ったもの。英国での調査も試みたが、コロナの蔓延で叶《かな》わなかったという。

特に無惨だった二カ国の現地調査会社のコメントももらった。韓国の担当者は、「五輪は平時であればお祭りですが、現状では安全と健康を最優先するのが大多数と考えられます。ただ、韓国人の日本に対する様々な感情が、東京五輪への否定的な考えにも影響しているかもしれません」。

さもありなん、なのか。タイの担当者の見解はどうだろう。

「感染者の数が減り、ワクチンの開発に成功しても、人々は感染の心配も対策も要らず移動が自由にできる従来の生活に戻るにはまだ時間がかかることに気づきます。大多数が五輪とパラリンピックの試合の延期を望むのは当然といえるでしょう。人々は自分の幸福を優先します。オリ・パラが開催されるスケジュールについては、多くの人の中での優先順位では低いのです」。ちなみに、同じ調査の別の設問で、タイの対日感情は五カ国中最高だった（「とても好感」「やや好感」の合計で八九・六パーセント）。

三月三日付の英紙タイムズ電子版で読んだコラム「今年の五輪を中止する時が来た」を思い

出した。日本だけでなく、世界にもたらすリスクが大き過ぎる、と説くリード部で、この五輪に与えられた形容は"super-spreading"――「ウイルスを大規模に拡散させる」だ。

要は世界中の迷惑だからやめろと言われてしまった。それでも日本政府は強行の構えを崩さず、これを糺《ただ》すべきマスコミ、否、もはや五輪ビジネスの当事者も、本来の責務を放棄したままでいる。

二〇二一年四月一九日

経済の現状を見る二つのスタンス

経済誌『ダイヤモンド』の四月一〇日号が、ものすごい特集を組んだ。「1億総リストラ」。冒頭のリード部分に、こうある。

〈(コロナ禍が直撃した) 2020年、上場企業約100社が早期・希望退職者募集を打ち出した。21年に入ってからもすでに約40社。(中略) 赤字が膨らんだ企業だけが実施するのではない。黒字企業も人員整理を断行し、誰しもが無関係ではいられない。「1億総リストラ時代」がやって来た。〉

それでも昨年度は、企業が従業員に支払う休業手当を補助する「雇用調整給付金」の特例措置があり、失業者の激増が抑えられてもいた。だがその措置も原則この四月末で終了する。黒字なら黒字でポストコロナを睨《にら》んだ構造改革を本格化させていくのが企業経営の常道だという。

「ANA、近鉄、三越伊勢丹、三菱自……整理解雇危険企業51社リスト」「早期・希望退職募集ラッシュの中心地『ヤバい5業種の最新市場』」「とってもドライな黒字リストラ　ソニー『退職勧奨は突然に』」「東芝は『追い出し部屋』裁判中　黒字リストラ36社一挙公開」……。

主な記事タイトルを列挙しただけでも震えが来てしまう。誰もが羨《うらや》む大企業勤務でも、一人一人の置かれた立場は、政府に〝ゾンビ企業〟呼ばわりされる中小零細事業者と大差ないらしい。この国における経済社会の現状を活写した特集だった。

一方では、しかし、株式市場の活況が続いている。世界各国がコロナ禍で進める大規模な財政出動や、金融緩和でダブついた投資資金が株式市場に向かい、とりわけ〝新しい生活様式〟で膨張が確実なIT関連株が全体を牽引《けんいん》して日経平均株価が一九九〇年八月以来三〇年六カ月ぶりに三万円の大台を超えたのが二月一五日。以来、一進一退が繰り返されてはいるものの――。

市場関係者たちの先行き強気の姿勢は崩れない。これに乗じて、「株で最速3千万円　『株高』新時代！『最強哲学&銘柄101』指南」の特集をぶち上げたのがビジネス隔週誌『プレジデント』の四月一六日号だ。もっというと、同誌は前記の三万円超え直後から、「急げ！バブル前夜、銘柄選びのラストチャンス　株ほったらかし爆上げ投資」（三月五日号）、「黄金銘柄55から世界が見える。経済がわかる　無敵日本株と7人の天才」（四月二日号）などの特集で読者の投資熱を煽《あお》り、はしゃぎまくっている。日経平均は年内にも四万円台突入が確実で、これからの好景気はいつ終わるのか見当もつかない旨などを、あの竹中平蔵氏に語らせていたりもしていた。

かつては資本関係もあった経済・ビジネス分野の二つの有力誌が、スタンスをどこに定めるか次第で、こうまで異なる誌面に仕上げられてくる。何事によらず、読者は多様な視点を理解した上で、自らの立ち位置を決めたらよいのではないかと、筆者は思う。

二〇二一年五月一〇日

正当な怒り封じ込めるマスコミ

つくづくくだらない人だと思う。政府が福島第一原発の処理水を海洋放出する方針を決めた四月一三日、麻生太郎副首相兼財務相は閣議後の記者会見で、「（処理水は）飲んでもなんてことはないそうだ」と語ったのである。

これには地元の漁業者のみならず、周辺国も猛反発。韓国の文在寅《ムンジエイン》大統領が国際海洋法裁判所への提訴を検討すると発表すれば、中国の趙立堅《ちょうりつけん》報道官は、「飲めるというなら、飲んでから言ってもらいたい」と述べた。麻生氏は一六日の記者会見で、「飲めるんじゃないですか。普通の話ですよね」と返したが、実際に飲んでみせることはしなかった。

事態の後半、すなわち中韓の見解や麻生氏の反応については、多くのメディアが伝えている。だから現時点では広く知られた話題になっているものの、最初の麻生発言の段階では、「朝日」も「読売」も見て見ぬふりで、きちんと報じることをしなかった。

政治家にあるまじき妄言であり、振る舞いだと、筆者は思う。事の重大さから目を背け、読者に知らせる責務を放棄した新聞も同罪だ。中国に言われるまでもなく、「飲めるというなら飲んでみろ」という当然の怒りを、社説でいかに料理して、書きっぷりを競うのかが、権力のチェック機能たるべきジャーナリズム魂なのではなかろうか。

麻生氏の暴言・妄言癖は酷《ひど》すぎる。処理水がWHO（世界保健機関）の定める基準より大幅に希釈してあるというのが事実なら、そのことだけを語ればよいのに、敢えて尊大に、他人を見下して、舐《な》めた口を叩かずにはいられない、軽薄もきわまった男だ。

彼が繰り出してきた言葉の暴力は数限りない。「糖尿病になって病院に入っている奴の医療費は俺たちが払っている。無性に腹が立つ」「ある日気づいたら、ワイマール憲法が変わって、ナチス憲法に変わっていた。（憲法改正は）あの手口学んだらどうかね」「セクハラ罪って罪はない。（福田淳一事務次官が）はめられた可能性は否定できない」……。

その度に指摘され、謝罪や釈明はするものの、少し経つとまた同じ与太を吐く。反省するということを知らない。ただ、ひたすらに威張り散らすだけ。

ありがちな〝言葉狩り〟だと勘違いするなかれ。暴言はそのまま麻生氏の政治信条であり、思想だ。同じような発想の持ち主に支配された自民党に、私たちの社会がどれほど破壊されてきたことか。

ところが巷《ちまた》には、「飾らないホンネ」「サービス精神が旺盛」だなどと、笑って済ませたがる訳知り顔が多すぎる。そのような風土を醸成したのは、麻生氏をはじめとする一人よがりの世襲権力者らを甘やかし、馴れ合うばかりで、追い詰める役割を果たしてこなかったマスコミだ。

人間は怒るべき時には怒らなければならない。正当な怒りを封じ込めてしまうマスコミに、存在意義《レゾンデートル》などないのである。

コロナ禍でも病床削減し続ける大阪府

二〇二一年五月二四日

新型コロナウイルス感染拡大第四波が収束の気配もない。東京、大阪、京都、兵庫の四都府県に一一日までの予定で出ていた緊急事態宣言には愛知、福岡、岡山、広島の四県と北海道が加わり、三一日まで延長された。

とりわけ悲惨なのは大阪府だ。医療体制が壊滅し、見殺しが常態化した状況を尻目に、だが吉村洋文知事だけは意気軒昂《いきけんこう》。ワイドショーに出まくって個人の自由を制限する法整備を訴え、酒類の持ち込みを認める飲食店に「コロナを軽く見ている」と眉を顰《ひそ》めてみせる。前回の緊急事態宣言を、リバウンドの兆候ありとの懸念に耳も貸さず〝前倒し〟解除して目下の惨状を招いた責任など、これっぽっちも感じていないらしい。

そんな過程で、ネットメディア「リテラ」が、五月四日付で、きわめて重大な解説記事を配信した。〈大阪で昨年度123の病床が削減！　コロナ医療崩壊でも菅政権が強行「ベッド減らした病院に税金でご褒美」制度による医療カット〉。要は参議院で審議中の医療法等改正法案が事実上の「病床削減推進法案」でしかない実態を、国会論戦とは距離を置く形で詳《つまび》らかにした内容なのだが、一読、ここまでやるかと全身の毛が逆立った。

それによれば、安倍晋三前政権が「地域医療構想」の美名で打ち出した医療費抑制のための病床削減計画は、コロナ禍でも強行され続け、中でも吉村大阪府の〝勢い〟が凄《すさ》まじい。昨年度だけで一二三もの一般病床が減らされ、今年も前記〝前倒し〟解除の直後に、二一五床とされていた重症病床の確保数を、あろうことか一五〇床まで削減するよう各病院に通知したというのである。

慌てて新聞のデータベース（ＤＢ）を確認したが、一般紙では毎日新聞五月二日付朝刊など、ごく一部の例外を除くと、こうした現実がまともに報じられたことが皆無に近い。国会では共産党の議員が熱心な質疑を重ねているし、数字だけなら大阪府のＨＰでも公表されてはいるけれど、幅広い取材を基に解説してくれるマスコミが存在しないのでは、何も知らない人が圧倒的多数になるのも自然の成り行きだ。

病床を減らした病院に国が支出する「病床削減支援給付金」という用語さえ、ＤＢでは検索できない。もっと言えば、医療法等改正案の国会審議に関する報道そのものが滅多に見当たらないのだから恐れ入る。

少なからぬ善良な国民が、医療が崩壊した社会で、政府は精一杯やっていると思い込もうとし、コロナ収束を夢見て耐えている。ところがその政府は、実のところ医療体制を敢えて逼迫《ひっぱく》させ、高齢者や基礎疾患のある、すなわち〝生産性が低い〟と決めつけられた人々を、積極的に見殺しにしていくつもりではないのか。それも権力のチェック機能たるべきマスコミとグルになって――。

私たちは今、どういう光景を見ているのだろう。二〇二一年五月、この国は不気味に過ぎる。

朝日社説が東京五輪中止を求めたが……

二〇二一年六月七日

朝日新聞が先月二六日付朝刊に、今夏の東京五輪について、〈中止の決断を首相に求める〉という社説を載せた。表題通り、新型コロナウイルス感染拡大のただ中で、それでもなお開催を強行しようとしている政府や東京都、五輪関係者らに、冷静かつ客観的な判断を促す論考だ。社説はまず、コーツＩＯＣ副会長の、緊急事態宣言下でも五輪は開けるとした発言を引き、〈ＩＯＣの独善的な体質を改めて印象付ける形となった〉と指摘。さらには〈十全ではないとわかっているのに踏み切って問題が起きたら、誰が責任をとるのか、とれるのか。「賭け」は許されないと知るべきだ〉と強調している。

正直言って驚いた。内容は民意に沿った当然至極のものでしかないのだが、正面切って五輪中止を主張した全国紙は初めてであるゆえに。

ではなぜ、これまでは当たり前の論説が紙面を飾ることがなかったのか。ＪＯＣと「朝日」、「読売」、「毎日」、「日経」の大手四紙が「オフィシャル・パートナー」、「産経」と北海道新聞が「オフィシャル・サポーター」の契約を、それぞれ結んでいるからだ。詳細は割愛するが、要するに彼らは東京五輪の公式スポンサーすなわち商売の当事者にほかならず、報道機関であることを自ら放棄しているということ。読者への完全なる背信行為である。

「朝日」の社説はしたがって、ギョーカイ的には〝画期的〟ではあった。賛否の両論を紹介しておこう。

〈いまの時点でぎりぎりの主張であり、その言説はまさに正鵠《せいこく》を射るものであると、納得させられた〉

とは、元朝日新聞記者・鴨志田恵一氏がウェブマガジン「メディアウォッチ100」(五月二八日配信)に寄せた賛辞。一方、月刊『Ｈａｎａｄａ』の花田紀凱《かずよし》編集長は、産経新聞の「週刊誌ウォッチング」欄(五月二九日付朝刊)で、〈そこまで言うなら、朝日はまず「オフィシャル・パートナー」を返上したらどうか。／しかも、同じ日のスポーツ面では、橋本聖子・大会組織委会長らを登場させて、大きな記事「ジェンダー平等を　五輪レガシーに」。／全く首尾一貫していない〉。

そういえば、この前々日の二七日にも、弁護士の八代英輝氏が、ＴＢＳ系の情報番組「ひるおび！」で、同様の話をしていた。「朝日」の社説はとりあえず民意に向けた〝逃げ〟を打っておき、いざ五輪となれば利益はイタダキの意味だから、「これは開催が決まったんだなと理解した」という論旨だったと記憶する。

日頃は花田、八代両氏の考え方に抵抗がある筆者だが、今回ばかりは彼らに軍配を上げざるを得ない。ちなみに、『週刊ポスト』（六月四日号）の好企画〈東京五輪7月開催「賛成」か「反対」か　国内公式スポンサー71社の回答全社掲載〉における朝日新聞社の回答は、〈お答えいたしかねます〉だった。

失われた信用を、新聞が本気で取り戻したければ、スポンサー契約の破棄しかないと、筆者も思う。それでも茨《いばら》の道だけれど。

「五輪中止」朝日社説問題・再考

二〇二一年六月二一日

舞台裏ではずいぶん激しい論争もあったらしい。前回に続き、東京五輪中止を求めた朝日新聞五月二六日付朝刊の社説問題だ。『週刊文春』（六月一〇日号）が、掲載までの〈社内バトル全内幕〉をすっぱ抜いている。

それによれば、「朝日」の論説委員室が中止論に舵《かじ》を切ったのは、五月一四日付朝刊オピニオン欄に載った、山腰修三慶應義塾大学教授（マス・コミュニケーション論）の〈五輪開催の是非、社説は立場示せ〉が契機だった。社説掲載の前夜、全国の編集幹部らが参加したリモートデスク会は紛糾したが、論説委員室は社内独立機関の位置づけだ。異論は排された。

論説委員室はよく頑張った、とは思う。政治権力を向こうに回し、五輪商売の当事者である立場も顧みず……と讃えてあげたいところだが、件の社説には、自社と五輪との契約関係への言及がなかった。と同時に、「朝日」は当日、HPでこう開き直ってもいる。〈オフィシャルパートナーとしての活動と言論機関としての報道は一線を画します〉——。

できっこない。社説とは〈その社の主張として掲げる論説〉（広辞苑）のことである。古巣の迷走を憂えた元編集委員・山田厚史氏が広報室に問い合わせたら、回答は「（あの社説は）論説委員室のいろいろな考えのひとつです」だったという（ネットTV「デモクラシータイムス」の六月五日配信「ウィークエンドニュース」）。

言葉の定義を自分の都合で勝手に変えられては困る。これではまるで、「戦時体制」を「積極的平和主義」と言い換えて恥じなかった、安倍晋三前政権ではないか。

「朝日」は六月四日付朝刊スポーツ面で、〈五輪　記者は考える〉という記事を全面展開した。社説への反響を受けてか、JOCや大会組織委、医療、「五輪と社会」などを担当する記者たち六人に、今の思いを綴《つづ》らせたものだが、失望した。

「もっと議論がしたい」「開催、中止双方のメリット、デメリットを具体的に明示」すべき云々。皆さん真面目なのはよくわかるのだが、正直、ビシビシ伝わってくるのは、上への忖度《そんたく》ばかりなのである。

『週刊ポスト』（六月一八日・二五日合併号）に載った、NPO法人「Tansa」の編集長で、やはり「朝日」ＯＢの渡辺周編集長のコメントに背筋が寒くなる。中止で金儲《もう》けのチャンスを失うのも、反対しないことでブランドイメージが損なわれることも恐れつつ、それでも〈「五輪を強行したい〝お上〟につき従うしかないスポンサー企業の姿は、戦争に突入していった日本と重なります」〉。彼らが入手した議事録に基づき、五輪組織委とスポンサー企業による会議の内容を報じた特集記事だった。

六月七日の朝九時二〇分頃、ＪＯＣの森谷靖経理部長（五二）が、最寄り駅のホームから飛び込み自殺を遂げている。悲劇の深層を追及してみせてこそ、新聞は新聞たり得る道理だが。

フジサンケイビジネスアイの休刊

二〇二一年八月二日

産経新聞社の子会社・日本工業新聞社が発行していた日刊経済紙フジサンケイビジネスアイが、六月三〇日付で休刊した。当日の一面トップは、短時間で新型コロナ感染の有無を判定できる「自動ＰＣＲ検査ロボットシステム」を開発した川崎重工業のストーリー。技術者たちの熱い思いを伝える好企画ではあったものの、最終号にしては地味な印象が否めなかった。

広くは知られていないが、同紙は二〇〇四年三月にタブロイド判の新紙面に変更されるまでの題字を日本工業新聞といい、経済関係の記者クラブのほとんどに記者が常駐。日経産業新聞、日刊工業新聞とともに〝産業三紙〟と呼ばれもする全国紙だった。そんな新聞が——。

すでに今年は、夕張タイムスや根室新聞などのローカル紙が休刊していた。猖獗《しょうけつ》を極めるネットメディアの陰で、活字文化が滅びていく一里塚のような事態は、しかし、さほど深刻に受け止められている風でもない。「ビジネスアイ」休刊の社告が出た頃から振り返っても、例外的な論考はライバル紙・株式新聞のWeb版完全移行を嘆じた日本証券新聞（三月二五日付「風林火山」欄）と、当事者たる「ビジネスアイ」（五月二五日付）の「高論卓説」くらいか。後者ではジャーナリストの磯山友幸氏が、Q&Aサイト「Quora」日本代表の指摘を援用しつつ、〈中立公正さを重視して両論併記を心がける新聞などの伝統的ジャーナリズムと違い、SNSの利用者は「他人の意見をどんどん聞かなくなって閉じこもっている」という。最近しばしば目にする不寛容な世論を拡大させ、社会の分断を加速させているということだろう。／『フジサンケイビジネスアイ』の休刊で、また一つ「紙の新聞」が姿を消す。〉

SNSでもないのに、ネトウヨじみた紙面で言論空間を〝不寛容〟にした張本人である産経グループの紙面に、この論考が載ったことは興味深い。ただ、著者の磯山氏は日本経済新聞の出身だ。「産経」や「日本工業」の人間による記事でこそ、こういう議論を読みたかった。

ちなみに、日本工業新聞は産経新聞の源流にほかならない。創刊は一九三三年。戦時中に愛知以西の経済紙数紙と統合され、産業経済新聞となり、その系列下で五八年に新生・日本工業新聞が立ち上げられて、今日に至った。

前述のタブロイド化の際には、「中国経済」面を新設し、中国株の株価や指標を詳報して高く評価された。ＯＢには元首相の森喜朗氏ら、ユニークな顔ぶれが少なくないが、目下の時代、筆者は坂口安吾らと並ぶ戦後無頼派作家の織田作之助（一九一三～四七）に注目したい。日本の敗戦を他の文筆家たちほどには重く受け止めず、〈多年なれ親しんだ「変転」の相として受取った〉（本多秋五『物語　戦後文学史』上巻、岩波現代文庫、二〇〇五年）という人物像に関心がある。

ちなみに筆者も社会人生活の第一歩を日本工業新聞で過ごした。記者のイロハを叩き込んでもらった、大恩ある新聞社だった。残念でならない。

二〇二一年九月六日

最新「ゴルゴ13」がネトウヨ化!?

東京五輪のマスコミ報道に対しては、誰もが一家言あるだろう。いずれ整理しお届けするつもりだが、近未来のマスメディアに抱かざるを得ない不安を先取りするような描写が、ある大人気劇画で垣間見られたので今回はそれを記録しておきたい。

さいとう・たかを「ゴルゴ13《サーティーン》」。この七月に〝最も発行部数が多い単一漫画シリーズ〟としてギネス世界記録に認定されたハードボイルド作品の『ビッグコミック』誌（小学館）に連載されたばかりの「依頼なき狙撃」編で——。狂言回し的に登場したフリージャーナリストの深沢達二が、大手メディアの記者職を志望している姪《めい》っ子に〝宿題〟を出した。

——米軍の垂直離着陸機「オスプレイ」は、実態以上に事故の多い危険な機種として報じられる。なぜか？

〝正解〟は——。

オスプレイはその特性から、離島防衛での活躍が期待されている。それだけに、「（尖閣諸島の領有権問題で対峙《たいじ》する）中国にとってはオスプレイが活躍されちゃ困るのよ。」

——それがマスコミの印象操作とどう結びつくんだ？

「簡単な事よ。マスコミのスポンサーに中国企業、もしくは中国に近い企業とかが入っていたら、オスプレイは欠陥商品だと報じるよう指示が出ているかも知れない。（中略）マスコミが中国に忖度する事は十分に考えられるわ。」

——上出来だ。

激しい違和感を覚えた。「ゴルゴ13」には作品の性格上、さまざまな政治的主張が描かれてきた。ただしそれは、米ＣＩＡが資本主義を礼賛したり革命武装集団が己の正当性を主張するというふうな、あくまでも当事者のロジックであって、今回のように利害関係のない第三者が客観的な体でいずれかに軍配を上げるような場面は、徹底的に排除されてきた。作品のテーマ性とも相まって、「ゴルゴ13」が半世紀以上も読者の信頼を獲得し続けてきた所以《ゆえん》でもある。にもかかわらず、だ。

オスプレイの危険性が強調されるのには、当然、複雑な背景がある。何よりも、同機の主戦場である沖縄への過剰な米軍基地の集中と、事故や事件に対する彼らの異様なほどの不誠実さこそが、まず第一に問われなければならない。

それが、あろうことか中国からの「指示」、あるいは中国への「忖度」とは。これではネトウヨの世界観そのものだ。スポンサーを云々するなら、中国系を圧倒しているはずの日本や、米国系企業の意向はどういうことになるのか。

『ビッグコミック』によれば、「ゴルゴ13」は今年、世界記録認定を機に〈読者の皆様にも満足いただける変化を用意しております〉という。権力が利用しようと思えば、これほど利用のし甲斐がある劇画もない。気になるのは、近年の小学館という出版社のネトウヨ化傾向、および「ゴルゴ13」ファンという麻生太郎副首相兼財務相の存在なのだが――。

東京五輪を「検証」したが……

二〇二一年九月二〇日

東京五輪もパラリンピックも終わった。コロナ禍にあり国論が二分される中で強行され、前代未聞の医療崩壊および民主主義の破滅を招いた一連の大会は、いかに総括されるべきなのか。

「開催国として責任を果たし、やり遂げることができました。選手たちのすばらしいパフォーマンスは、多くの人々に感動をもたらし、世界中に夢や希望を与えてくれました」

菅義偉首相は九月九日の記者会見でも、従来と同じ言葉で〝大成功〟を自画自賛した。自宅待機のまま見殺しにされたコロナ患者たちなど、まるで存在しなかったかのように。

これが結論でよいのか。だが、肝心のマスメディアが、考える一助となる役割を放棄してしまっている。

方向性の提示を試みる論調があるにはあった。たとえば――、

〈政府、東京都、大会組織委員会には、持ち上がった問題を整理し、これまでの対応を検証して、結果を国民そして世界に報告する責務がある。もちろん手前勝手な総括は許されない。国会も目を光らせ、行政監視の使命を果たさねばならない。〉

朝日新聞はこう五輪閉会式前日の社説（八月七日付朝刊）で論じていた。いわゆる〝復興五輪〟の欺瞞《ぎまん》を衝いたのは「毎日」・竹内良和記者の「記者の目」だ。

〈大会では、被災地出身の選手が活躍するなど、スポーツが持つ力が東北を勇気づけた面があった。それでも「復興五輪」のゆがみは歴史に刻まれ、検証されるべきだ。うやむやになれば、被災地を踏み台に巨大イベントを容認してしまった社会の病理を放置することになるからだ。〉（八月一九日付朝刊）

「毎日」はさらに進めて、検証は己ら自身の責務でもあると省みてもいる。〈東京五輪　どう報じたか　全国紙、検証をもっと〉（八月二三日付朝刊）は、しかし朝日ＯＢのジャーナリズム研究者の談話ばかりで、まるで他人事のようだった。

もともと少数派だったこの種の議論は、たちまちマスメディアの主流から消えていった。〝検証〟が謳《うた》われた企画はいずれも、あまりに異常だった今大会の総括にはなり得ていない。どだい、全国紙のすべてがＪＯＣとの間で大会のスポンサー契約を結び、報道機関であることより五輪商売の恩恵に与えることを優先していた事実に背を向けた〝議論〟など、いくら重ねたところで、いかほどの意義があるものだろうか。

はたして九月三日に菅首相が辞意を表明して以降のマスメディアは、自民党総裁選一色に染まった。コロナ対策そっちのけで権力闘争に勤《いそ》しむ政府与党が絶対の価値基準と化し、臨時国会の開催を求める野党を無視し続ける態度にさえまともな批判が向けられない。

現状は民主主義社会の根幹に関わる重大事態である。マスメディアの惨状と、これほどの無惨を改めさせることもできない社会の無力と未成熟を憂う。

自民の事前運動に手を貸すメディア

二〇二一年一〇月四日

たとえば九月二〇日敬老の日、テレビ情報番組の目玉は——、

▽生提言！　橋下徹が総裁選4候補の〝実行力〟を徹底分析（日本テレビ「ミヤネ屋」）／▽大混戦！　自民党総裁選　情勢左右の討論会分析（TBS「ひるおび！」）／▽総裁選議員・党員票の情勢は　序盤戦を分析（テレビ朝日「大下容子ワイド！スクランブル」……

新聞のラジオ・テレビ欄に載った見出しを並べただけでも、こんな具合だ。現実のテレビはといえば、ほとんど終日、総裁選の話題で埋め尽くされている感が強かった。

もちろん告示当日の一七日は河野太郎ワクチン担当相、岸田文雄前政調会長、高市早苗前総務相、野田聖子幹事長代行の四候補いずれもがテレビ行脚。翌一八日は日本記者クラブ主催の討論会、一九日はNHKの「日曜討論」やフジテレビの「日曜報道ザ・プライム」で、四氏揃《そろ》って怪気炎を上げていた。

自民党のＴＶジャックだったと人は言う。なるほど政権与党のトップになった人物が首相となるのが日本政治の常とはいえ、本来は内輪の、外部の人間には投票権もない権力抗争を、こうまで見せつけられなければならない状況は異常に過ぎた。

ここ数年、政府の宣伝機関化が甚だしいテレビだから、と言いたいが、多くの場合、親会社は新聞社であり、ほかならぬ新聞紙面そのものもこれと大差ない。今や最大の情報源と言われるネットニュースの類《たぐい》に至っては、橋下徹や田崎史郎ら、ほとんど自民党の代弁者たちのテレビ発言をそのまま垂れ流している始末だった。

早稲田大学の水島朝穂教授（憲法学）が、自身のウェブマガジンで、こんな指摘をしていた。〈今回の自民党総裁選は、総選挙（比例代表の部分）の事実上の事前運動として機能しているのではないか〉。なぜなら日程上、九月二九日の投開票で選任された新総裁は、一〇月初めにかけて党役員人事を決定するとともに、臨時国会を召集して新内閣を発足。その後は衆議院の任期満了か、新首相による解散か、いずれの道を辿《たど》るにしても、一一月中には総選挙が実施されることになるからだ。

総裁選と総選挙の日程が近すぎる。テレビや新聞はその程度の自覚もなかったか、でなければ承知の上で敢えて、ジャーナリズムの魂を政治権力に売り飛ばし続けたということではなかったか。

はたして総裁選の候補者たちは、感染しても入院さえさせてもらえないほどに崩壊した医療体制をいかに立て直すのか、圧倒的な反対を封じ込んで強行した東京五輪・パラリンピックの後始末をどうつけるかについては沈黙した。したがって――あまりに悲しいことだが――メディアも見て見ぬふりをするだけだった。

政治権力によるテレビおよび新聞ジャック、およびそれが許される時代に、この国の末期症状を見た。マスメディアは全面的に解体され、ゼロから出直すべき時期である。

第四章　何をすべきか考えさせる論陣

2021.10.18 ～ 23. 3 . 6

この頃の主なできごと

21年10月31日	衆院選投開票日
22年２月24日	ロシアのウクライナ侵略開始
７月８日	安倍元首相が銃撃事件で死去
９月27日	安倍元首相の国葬儀
12月16日	安保三文書の閣議決定

「新自由主義」は改められるか

二〇二一年一〇月一八日

「今こそ、わが国も、新しい資本主義を起動し、実現していこうではありませんか。成長も、分配も実現するために、あらゆる政策を総動員いたします」

岸田文雄首相は八日、初めての所信表明演説を行った。彼が自民党総裁選の当初から謳《うた》っていた「新自由主義の転換」が、なるほど実行に移されるらしい。

問題は、では新自由主義とは何物で、そのいかなる部分が改められるべきなのか、だ。報道の多くは岸田新首相の発言をなぞる程度で済ませている。基本的な知識を持ち合わせていない読者や視聴者には、岸田氏の政策の評価はおろか、問題意識のありようを理解することも難しい。

とはいえ、小泉時代には階層間格差の拡大さらには分断が必定の新自由主義を批判してもいた新聞やテレビが、近年はその価値観に首まで漬かっている。彼らに事の本質を抉《えぐ》れというのは無理だろう。

ならば本を読もう。たとえば中谷巌『資本主義はなぜ自壊したのか』（集英社インターナショナル、二〇〇八年)。〈新自由主義思想というのは単に学術的に、あるいは論理として「正しい」ということで支持を集めたというよりも、一部の人々、はっきり言ってしまえばアメリカやヨーロッパのエリートたちにとって都合のいい思想であったから、これだけ力を持ったのではないか。〉

中谷氏は、あの竹中平蔵氏より早くから、日本の新自由主義の旗振り役だった経済学者だ。彼はしかし、やがて小泉構造改革として結実した新自由主義イデオロギーがその実、富裕層による独占や、社会の解体ばかりを招いた現実に気づくことになる。

かくて著された〝懺悔《ざんげ》の書〟。今日の日本社会と経済をもたらした張本人の一人が辿《たど》り着いた真実だ。

より論理的な分析を求める読者には、デヴィッド・ハーヴェイ著、渡辺治監訳の『新自由主義――その歴史的展開と現在』(作品社、二〇〇七年)がおススメ。〈新自由主義は、国際資本主義を再編するという理論的企図を実現するためのユートピア的プロジェクトとして解釈することもできるし、あるいは、資本蓄積のための条件を再構築し経済エリートの権力を回復するための政治的プロジェクトとして解釈することもできる。〉

「政治的プロジェクト」の表現が重要だ。要は新自由主義とは、経済理論である前に、富の独占を図った政治実践にほかならない。岸田氏の問題意識は正しいのである。

ただ、であれば問題は雇用や社会保障のような領域だけでは完結しない道理。税制も教育も医療も安全保障も、過去四半世紀ほども積み重ねられてきた何もかもが見直され、改められる必要がある。

いわゆる三A（安倍、麻生、甘利）の繰り人形とまで揶揄《やゆ》される岸田氏に、それだけの覚悟があるだろうか。私たちはまず、見極めなければならない。

童謡「おかあさん」を巡る投書から

二〇二一年一一月一一日

一〇月一五日付の朝日新聞朝刊「声」欄に、七一歳の主婦の投書が載った。ほとんど会話もできなくなっていた生前の母親は、でも「♪おかあさん」の呼びかけには、「♪なーあに」と応えてくれたという。〈その歌詞だけで、最後の最後まで母とつながることができました。〉
♪おかあさんて　いい　におい／せんたく　していた　においでしょ／しゃぼんの　あわのにおいでしょ……
童謡「おかあさん」への思いを、彼女が投書に託したのには理由があった。前月二六日の同じ欄に、東京都に住む二八歳の女性会社員が、この歌詞に「違和感」を抱いたとの声を寄せていたからだ。〈童謡が生まれたころ（引用者注・一九五四年）は、女性だけが家事を担っても、

疑う声は少なかったのだろう。優しいメロディに載せた歌詞が子どもたちの女性像に影響したかもしれないと感じる。〉

この認識は正しい。が、そこから導かれた彼女の「違和感」には、反発を覚える人もおられるのではないか。冒頭の主婦も、〈昔から歌い継がれている歌〉には〈若い人たちには理解しにくい歌も出てくるのでは〉として、自分はあまり難しく考えず、〈耳慣れた歌を、口ずさんでいこうと思〉う、と結んでいた。

「声」欄は翌々一七日付にも、それぞれの家庭には、子どもにしかわからない「ママの匂い」があるのかもしれない、とする意見を載せた。〈この童謡は実に味わい深く普遍的に思える。投稿者が言うように子どもと話し合う大切さを実感した〉。三本の投書は、丁寧で抑制的な文体でも共通していて、編集者の苦労が偲《しの》ばれた。

いわゆるポリティカル・コレクトネス（PC）をめぐる議論が、近年、激しさを増している。人種や宗教、性別などの違いについて、差別や偏見に基づく表現を用いず、是正していこうとするPCの考え方は、原理的には「正しい」。ただし、行き過ぎれば表現の自由はおろか、歴史的に形成されてきた特定集団の文化や、個人の人生の全否定にも直結してしまう虞《おそれ》を孕《はら》んでいる。

欧米では社会問題化して久しい。〝正しくない〟と見なされた文化を積極的に抹消してしまおうとする「キャンセル・カルチャー」の潮流さえあるから厄介だ。

「おかあさん」のような童謡も、近い将来、現代における軍歌のような扱われ方をすることになるかもしれない。作り手の意図が戦意高揚でも母子の愛情賛歌でも同じだとは、性別による役割分担はイコール差別、と捉える限りはあり得る理屈だ。

事の性質上、目下のところは世界的に、PCの危険性を訴えているのは保守派である場合が多い。だが、この問題は必ずや全人類的に拡がっていくだろう。投書の問題提起が深刻な対立に繋《つな》がらないよう配慮した「朝日」を褒めたばかりだが、リベラル陣営とされるメディアも、いずれ正面から向き合わねばならない時がやってくる。

『Ｈａｎａｄａ』『Ｗｉｌｌ』岸田首相インタビュー

二〇二一年一一月一五日

月刊誌『Ｈａｎａｄａ』と『Ｗｉｌｌ』の一二月号が、揃《そろ》って岸田文雄新首相のインタビューを載せている。就任後一〇日あまりの時期に語られた言葉は、たとえばこんな具合——。

岸田氏は一年前に出版した自著（『核兵器のない世界へ　勇気ある平和国家の志』〔日経ＢＰ、二〇二〇年〕）に、自分は「護憲」だと書いていた。憲法改正に対する優先順位が高くないのかと尋ねられ、「護憲といっても、（中略）国民主権、平和主義をはじめとする憲法の基本的な部分はしっかり守るという意味での護憲であり、先ほど申し上げた四項目（引用者注・自民党が打ち出している①自衛隊明記、②緊急事態条項創設、③参院選の合区解消、④教育無償化）の部分はしっかりと改正していかなければならないと考えています」（『Hanada』）。

岸田氏の出身派閥は宏池会だ。自民党にあっては「中道リベラル」と評されるが、との問いには、「宏池会は『リベラル』というより『現実主義』です。宏池会の創設者・池田勇人《はやと》元首相が掲げた『軽武装・経済重視』は、戦後の貧しい日本が経済と安全保障の両立を図るために産み出した方針です。（中略）とはいえ、時代は変われば状況も変わるものです。対中政策をはじめ、外交・安全保障で六十年前と同じような主張のままでは、宏池会が時代に取り残されてしまいます」（『WiLL』）。

かねてからの持論を自ら否定し、一気に右旋回させた様子がよくわかる。岸田氏が安倍晋三元首相の傀儡《かいらい》である実態があからさまなのは、しかも話の中身ばかりではない。

新首相が最初に受けた雑誌のインタビューが、『文藝春秋』のような総合誌ではなく、いわゆる保守論壇誌、というより安倍マニア誌とでも形容されるべき二誌である現実が問題だ。安倍氏の差配ならわかりやすいが、これが岸田氏自身の判断を含めた自然の成り行きだったとすれば、なおのこと恐ろしいのではないか。

二つの誌面には、他にも岸田新政権の正体が垣間見える記事がいくつも載っていた。『Hanada』の高市早苗・櫻井よしこ対談では、衆院選に臨む自民党の公約を高市政調会長がまとめていた顚末《てんまつ》が明かされる。タカ派色が異様に強く、総裁選での彼女の公約とほとんど同じだった所以《ゆえん》である。

安倍元首相本人を登場させたのは『Ｗ・ｉＬＬ』のほうだ。やはり櫻井氏との対談形式で、彼は中国に対抗する西側の結束に触れ、あの「ＡＢＣＤ包囲網」を持ち出して、「いまや『Ｃ』から『Ｊ』に代わったのです」と胸を張っていた。

米英中蘭による対日包囲陣こそは、日本が太平洋戦争に引き摺《ず》り込まれる原因だった。今度は敵を追い込む側になれたぞと喜べる人間が、これからも日本の最高権力者であり続けるというのか。

マニア雑誌ならではの言いたい放題は、読んでいるだけで苦しく、悲しくなってくる。だがそれだけに、権力の本音を知るのに役立つのも確かであるらしい。

二〇二一年一一月二九日

中間層を排除する「ノンテンダー」

プロ野球・北海道日本ハムファイターズの主力三選手が、自由契約になった。海外フリーエージェント（ＦＡ）権を持つ西川遥輝《はるき》外野手（二九）と、国内ＦＡ権を持つ大田泰示《たいし》外野手

（三一）、秋吉亮投手（三三）で、いずれも高年俸の実力者だが、今季は不振だった点で共通している。稲葉篤紀《あつのり》新GM・新庄剛志《つよし》新監督コンビによる大胆なチーム改革が、早くも始まった。

いわゆる「戦力外通告」とはやや異なる。球団が当該選手の保有権を放棄して、移籍市場に出す「ノンテンダー」と呼ばれる処遇に近い。選手は再契約の道を残しつつ他球団との自由な入団交渉ができ、球団側は若返りとコストカットを同時に図れるので、双方にとってメリットが大きいとされる。米大リーグでは珍しくないようだ。

とはいえ日本では初耳だ。どういう意味があるのかと、各メディアを探索していたら、スポーツニッポン紙（一一月一七日付）が、深く解説してくれていた。

それによれば、要は三選手が、年俸に対して戦力としての期待値が見合わなくなったと判断されたということらしい。スポニチはそこで、「若返り」に関する球団側のメリットを、こう書いている。

〈チームの「中間層」を放出することで、若手にチャンスを与えること。これまではレギュラークラスはよほど成績を落とさない限り、「戦力外」になることはなく、ある程度、地位も守られていた。しかし、西川のような実績ある選手でも今後、自由契約になる可能性があるとなれば、チーム内の競争力は上がる。〉

どうにもバランスが悪い。もちろん今回の場合、「中間層」の側に新体制の下で飼い殺しにされる予感があり、脱出を望んだ側面もあったに違いないが、一般論としては、双方にあるはずのメリットが、球団側に偏り過ぎてはいないか。

選手にとっては、自らの努力で摑《つか》んだ高年俸が、それゆえに仇《あだ》になりかねない。はたして移籍市場、ひいてはリーグ全体の活性化ばかりが喧伝《けんでん》される米国でも、「ノンテンダー」は選手会に問題視されているそうだ。

ここまで書いて、岸田文雄新首相が掲げている「分厚い中間層を生み出す」という言葉を連想した。貧富の差が拡大していく一方の現状を改善することで経済成長を、という文脈のようだが、これからも「まず成長」ありきの国策が続けられるのであれば、そんなことは不可能だ。

中間層などむしろ排除し、より一層の二極化を加速させたほうが、統計数字上の「成長」は進んだように見えやすい。プロ野球チームは勝つのが第一で、必ずしも民主主義である必要はないけれど、国家・社会は違うのである。

ようやく中間層の復活を求める機運が芽生え始めた政界に、大リーグ流「ノンテンダー」の発想が還流してしまう危険が怖い。スポーツマスコミだけに任せておいてよいテーマではないと思う。

真っ当なテレビマンの今年後半報道の総括

二〇二一年一二月二三日

今年後半のマスコミ報道は、いつもにも増して酷《ひど》かったと感じている人が少なくないのではないか。揚げ句の果てが衆院選でまたぞろ自民党の圧勝だ。特にテレビの権力べったりぶりは万死に値する、と。

その通りだと思う。実際、どうしてこんなことになったのかという議論がマスメディア内部でも盛んだが、数少ない真っ当なテレビマンが、実に簡潔かつ的確に総括してくれている記事を見つけたので報告したい。『サンデー毎日』（一二月五日号）に載った、TBS「報道特集」メインキャスター・金平茂紀《かねひらしげのり》氏のインタビュー。氏の新著『筑紫哲也「NEWS23」とその時代』（講談社、二〇二一年）の出版を受けての企画である。

故・筑紫氏についてはあらためて紹介する必要もないだろう。金平氏はかの花形キャスターの精神を受け継ぐ人物だ。その金平氏は、今回の選挙報道をどう考えるかと問われて、「ひどかったね」と断じ、五輪、自民党総裁選、衆院選の三テーマを挙げた。

まず五輪。「何だかんだ言ってても国策なんだからメダルいくつ取ったか報道しなければダメだというのがテレビ界の大勢だった」

総裁選。「（自民党の）メディアジャックだ。（中略）公職選挙法による規制がないのをいいことに、同党だけの主張や宣伝を延々と報道する。まるで衆院選（比例代表部分）の事前運動に協力したようなものだ」

かくて――。「何の反省もなく、衆院選までの期間が短くされ（衆院解散から投票日まで一七日間という日程セット）、その段階で負けた。（中略）ゴールを決められると皆走り出してしまう。今度は公選法に縛られ放題の報道だ。（中略）放送時間が総裁選の何分の一かに急減した。面倒くさい、やりたくないや、と。世界にこんな国ないですよ」

放送時間の問題には、具体的な数字も存在する。NHKと在京民放キー局五社は、総裁選告示日と衆院選公示日のそれぞれ前後二日間ずつの合計五日間で、前者を二九時間五五分放送したが、後者は二五時間五二分に留《とど》めた。とりわけ情報番組は総裁選が一四時間三一分、衆院選が八時間二五分だったという（朝日新聞一〇月二八日付朝刊）。「何分の一か」というほどではないけれど、本質を言い当てて余りある。

金平氏はこうも語っている。

「（筑紫氏は）ジャーナリズム機能の最も重要なアジェンダ・セッティング（議題設定）を重視し、大テーマを立てて番組のエネルギーを束ねることに成功した。権力監視、少数者への共感、何でもありの気風を大事に無限の自由を追求する空間だった」

筑紫氏には、少なくとも番組スタッフにそう思わせるだけの器量があったということだ。翻って現代のマスメディアはどうか。権力に設定された「議題」を、忠実になぞっているだけではないのか。だとしたら、百害あって「一理」もない存在なのだと、誰もが知るべきである。

伸びやかで実りある元旦社説だったが……

二〇二二年一月二四日

久方ぶりに元旦社説の読み比べといきたい。すでに一月も下旬に入り、やや時季外れの感なきにしもあらずだが、ご容赦を。今年の元旦社説は実に多様で、大状況を見据えた議論が目立つのが特徴だ。

〈つなぎ合う力が試される〉の大見出しを掲げた毎日新聞は、冷戦終結後の期待とは裏腹に、専制的な権威主義が拡がるばかりの現状を憂慮。日本も例外ではない現実を抉りつつ、市民が政治参加に動く潮流が代議制民主主義の欠点を補完し得る可能性を強調している。

「朝日」は〈データの大海で人権を守る〉。デジタル時代における巨大ＩＴ企業の暴走を制御する国際的な連携を求める一方で、国家の力に頼り過ぎることの危険にも警鐘を鳴らす。〈何より個人の尊重に軸足を置き、力ある者らの抑制と均衡を探っていかなければならない〉とする論点がタイムリー。

〈資本主義を鍛え直す年にしよう〉と、いかにも「らしい」のが「日経」だ。デジタル革命が利益を少数者に集中させがちな弊害を指摘する姿勢は、岸田文雄政権の「新しい資本主義」を意識したものか。〈かつて資本主義の失敗は極端な思想や戦争を招いた〉という価値観にブレはない。

独特かつユニークな視点を提示したのは「東京」だ。今やほとんど絶対的な正義のように謳われるSDGs（持続可能な開発目標）の国際合意に、〈「ほどほど」という叡智《えいち》〉で向き合おうと呼びかける。最重要と思われる環境問題にせよ、たとえば温室効果ガスが消滅すれば、太陽がもたらす熱を閉じ込めておけなくなり、〈平均気温はマイナス一九度にまで下がってしまうとか〉。何事も乱暴、過剰は禁物だという戒めだ。

基本的には「毎日」と同様の問題意識から、まるで異なる結論を導いたのが「読売」と「産経」だ。いずれも中国を世界最大の不安要因だと名指しして、彼らの封じ込めが急務だと力説している。その上で、〈相手に「勝てる」という思い違いをさせない〉防衛努力と日米同盟の強化が最大の防御策であり、また「国力」の基となる経済の立て直しのためには、夏の参院選が正念場だと結ぶのが「読売」。有事対応の邪魔になる〈「おめでたい」憲法はもう要らない〉、今年こそ改正論議を、と主張するのが「産経」なのだった。

いかがだろうか。未来を見据えるにせよ新型コロナ禍に振り回されている感をぬぐえなかった一年前の各紙社説に比べ、一部の例外を除けば伸びやかで、実りある論考に仕上がっている印象を、筆者は受けた。まさにそのコロナ禍の収束を思わせてもくれていたのだが、三が日が明けるや、連日連夜のオミクロン株増殖報道が続いている惨状は周知の通り。混迷の深まりは留まるところを知らない。

ゼロコロナはもはや不可能なのだろう。泥沼の危機のただ中で、「ほどほどという叡智」の発想をいかに生かすか。生かし得る道筋を考えたい。

礼賛一色、慎太郎氏の追悼報道

二〇二二年二月二一日

「この津波をうまく利用して（日本人の）我欲を一回洗い落とす必要がある。やっぱり天罰だと思う」

分厚い石原慎太郎妄言録の中でも、最悪のものの一つだ。二〇一一年三月、東京都知事が言い放った、陳腐も窮まる〝文明批判〟。

大震災の犠牲者や遺族らを横目に、凄《すさ》まじいほどの浅薄さ。にもかかわらず、「作家なんだから仕方がない」という感じで済まされた。

思うに、石原という人は仲間内ないし都合のよい者、自分より上位にあると見なした人間以外の生命や尊厳を、徹底的に軽んじた。ことさら低く扱って己の優位を確認したがると言い換えてもよい。

その石原氏が二月一日に亡くなった。享年八九。マスコミ報道は礼賛一色に染め上げられた。在京紙では「朝日」、「毎日」、「読売」、「日経」、「産経」、「東京」の六紙すべてが翌二日付朝刊で一面コラムとダイナミックな多面展開。「産経」と「東京」は社説でも讃《たた》えまくった。〈素直で　純粋で　率直／時に人情味　職員魅了〉(「読売」)、〈人生演じきった／言葉に魅力〉(「毎日」)、〈発信力で首都けん引〉(「日経」)、〈国動かした慎太郎節〉(「産経」)……。

従来は石原氏にも少しは厳しかった「朝日」や「東京」も同工異曲。一連の差別的言辞や強引な政治手法に一応は触れ、ただしそれらを「石原節」「歯にきぬ着せぬ物言い」などと面白がって、彼なる存在の本質を打ち消した分だけ、かえって罪深い。

「朝日」は尖閣列島の国有化に絡んだ動きをやや詳しく伝えたが、批判的なニュアンスはない。「君が代」の歌詞を「滅私奉公みたい」と嫌いつつ、都民には斉唱を課したのを、〈支持層に受ける政治姿勢を表に出す必要性を意識していたのだろう〉と、丸ごと肯定してみせたのは「東京」だ。

筆者は石原氏の生前、たとえば芥川賞で深い関係にある『文藝春秋』が彼を擁護するのはまだしも、新聞までが同調して恥じない態度が、不思議でならなかった。が、今回の訃報でわかる気がしてきた。

大手メディアの記者たちは〝純粋〟に、彼と同じ思考回路を共有しているのではないか。だとしたら底知れず恐ろしい意味を帯びてくる。ただ、一週間後の紙面で「無責任な追悼」と題する文芸評論家・斎藤美奈子氏の文章を読ませてくれたのも東京新聞だ。各紙の追悼記事によって石原氏は許されていくとの嘆きの前に、こんな指摘が配置されていた。

自分は作家・石原の姿勢にも疑問がある、二〇一〇年の『文學界』に載った「再生」の下敷きが福島智の『盲ろう者として生きて』（明石書店、二〇一一年）だと知って読み比べたところ、〈挿話が同じなのはともかく表現まで酷似している。三人称のノンフィクションを一人称に書き直すのは彼の得意技らしく、（中略）これもまた「御大・石原慎太郎だから」許された手法だったのではないか〉（二月九日付朝刊特報面）と。

こういうのを普通、剽窃《ひょうせつ》という。物書きにとって最低の行為だ。

二〇二二年三月七日

ロシアへの非難は当然だが……

ロシア軍によるウクライナへの侵攻が始まった翌日（二月二五日）の全国紙各紙の社説を読

み比べた。いずれも事態を深く憂慮し、国際社会の連帯を呼び掛けていた。〈秩序と民主主義を侵す暴挙だ〉（「朝日」）、〈ロシアに暴挙の代償払わせよ　国連憲章踏みにじる重大な挑戦〉（「読売」）、〈侵略行為を強く非難する〉（「毎日」）、〈世界はロシアの暴挙を許さない〉（「日経」）、〈冷戦後最大の秩序破壊だ　厳しい制裁を即座に断行せよ〉（「産経」）、〈ロシアの無法を許さぬ〉（「東京」）……。

プーチンがテレビ演説で「軍事作戦」開始を宣言したのはモスクワ時間の二四日午前。グテレス国連事務総長がニューヨーク本部での安全保障理事会の席上、「プーチン大統領、ウクライナを攻撃するのはやめてください」と訴えた、わずか一〇分後のことだった。演説では核兵器の使用まで示唆された。今後の展開次第では第三次世界大戦へと拡大する可能性さえ否定しきれない状況だけに、社説以外の本記や解説等も含め、どの報道からも激しい危機意識が伝わってくるのは当然だ。けれども――。

それだけでよいのだろうか。各紙の社説には〈侵略国家ロシア〉〈ロシアに立ち向かう〉といった断定や、勇ましい言葉が溢《あふ》れた。具体的には経済制裁の強化を指しているとは承知していても、ついつい、武力による報復のイメージを掻《か》き立てられてしまう。

とりわけ強烈な印象を受けたのが「朝日」と「東京」だ。〈市民の悲劇を最小限にするため、北大西洋条約機構（ＮＡＴＯ）による緊急対応も整えねばなるまい〉と書いたのが「朝日」で、「東京」はこう論じていた。

〈国連憲章は武力による威嚇《いかく》やその行使を禁じている。代償は計り知れないことをロシアに思い知らせないと、まねする国が現れて、世界の平和と安定が保てなくなる。〉

リベラル系との評が専らの二紙は特に中国の脅威にも言及していた。彼らこそがロシアを模倣して台湾に侵攻するやもしれず、ならば我が国も黙っているわけにはいかぬ、と思わせて余りある筆致ではあった。

あり得ないシナリオでもないが、少なくとも大新聞が現段階で叫ぶべき懸念ではないように、筆者には思われる。この点、日頃は中国への敵愾心《てきがいしん》を隠そうともしない「読売」や「産経」が、努めて冷静に、やたらと議論を拡げない姿勢を取ろうとしているのに、ほっと一息をつくことができた。

プーチンの蛮行が許されないのは論を俟《ま》たない。ただ、上ずった主張に煽《あお》られた人々の意識の集積が、社会全体の空気を好戦的にしていく危険を、筆者は恐れている。

なお、「毎日」が二五日付朝刊に載せていた米国CBSの世論調査（実施は二月八日～一一日）が興味深かったので紹介しておきたい。ロシアとウクライナの対立に「米国は関わるべきではない」と回答した人が、過半数の五三パーセントを占めたという。

核武装論者たちのヒートアップ

二〇二二年三月二一日

〈一昔前なら猛烈なバッシングが起きる場面だが、今回はウクライナに対するロシアの暴挙をはじめとする厳しい国際情勢を反映し、冷静な受け止め方や議論を歓迎する声も目立つ〉――。

産経新聞の阿比留瑠比《あびるるい》・論説委員兼政治部編集委員が書いていた（三月三日付朝刊）。前月二七日のフジテレビ系「日曜報道　THE　PRIME」で、米国の核兵器を日本に配備し、共同で運用する「核シェアリング（共有）」を議論すべきだと語った、安倍晋三元首相の主張を受けたコラムである。

確かに。あまりに重大かつ深刻な元首相の発言は、その割に大した反発や批判に晒《さら》されていないようだ。

在京紙では三紙が社説で取り上げたが、安倍発言を中心に論じたのは「東京」だけ。「朝日」と「毎日」は、核攻撃をチラつかせ恫喝《どうかつ》するプーチンを「指弾するついでに触れてみた」感が否めない。被爆者や反核団体の声は熱心に拾っているだけに、社論として堂々と論難しないのが不思議だ。

現役の岸田文雄首相が、三月二日の参院予算委員会でこの問題について問われ、非核三原則を堅持する立場を強調。「政府として認めることは難しい」と、明確に否定したので、安心しきっているのか。

だが、このままで済むとも思えない。安倍氏の岸田首相に対する影響力は、政府がユネスコに佐渡金山の世界文化遺産登録を推薦するに至った先の経緯からも明白だ。

核武装論者たちのヒートアップを、あまり甘く見ないほうがよいと、筆者は考える。三月一日付の社説で、〈核恫喝と「核共有」　国民守る議論を封じるな〉と謳った「産経」は、前記の阿比留コラムで、核シェアリングの発想が米国側からも出ており、すでに二〇二〇年一二月三日付の同欄でも紹介していた事実を確認している。

それによれば、提唱者はリチャード・ローレス元国防副次官。彼は中距離核戦力（ＩＮＦ）を日米で共同管理すれば、日米同盟の信頼性向上をはじめ、中国や北朝鮮等に対する抑止力になるなどの利点が得られるとした論文を発表しているという。

現実の政治でも、安倍発言の翌日には日本維新の会の松井一郎代表（大阪市長）が、直ちに賛意を表明した。三月二日には「昭和の価値観を改める必要がある」と、核保有や非核三原則を見直す議論を求める提言を政府に提出している。地元・関西での人気が抜群で、元代表の橋下徹氏が今なおマスメディアの寵児《ちょうじ》であり続けている維新の動きには、十分な警戒が必要である。

こと核兵器のテーマに限って、唯一の被爆国・日本は、好むと好まざるとにかかわらず、世界の指針であらざるを得ない。「核シェアリング」などという、名称からして人間を舐《な》め切った愚挙に出れば最後、対立する国々に攻撃の口実を与え、他の核非保有国の後追いも招いて、核兵器が飛び交う第三次世界大戦にも直結しかねないと、心しておくべきだ。

電動キックボード利権が罷り通る？

二〇二二年四月四日

毎年のように改正される道路交通法。三月上旬に国会に提出された次の改正案は、従来にも増して、とりわけ都市部の市民生活に重大な影響を及ぼす可能性が高い。

そこで朝日新聞が三月一二日付の社説で取り上げた。〈新しい技術の普及と発展を法制面で支えることは必要だ。だが何より重視すべきは、言うまでもなく人々の安全・安心である〉と、電動キックボードの扱いに疑問を呈している。

それによれば、改正案は原付バイク同様に免許が必要な現行法を見直し、▽最高時速が自転車並みの二〇キロメートル以下なら免許不要（一六歳未満は禁止）▽電動車いすと同等の六キロメートル以下に制御されれば歩道の走行も可▽ヘルメットの着用を罰則のない努力義務に――などとする。きわめて大胆な規制緩和だ。

電動キックボードは近年、利用者が急増中の次世代モビリティ（移動手段）。それだけに歩行者とのトラブルも頻発している。

既に歩道は歩行者にとって安全な通行路ではない。車道か自転車専用の道路、通行帯の走行が原則であるはずの自転車がルール無用の猛スピードで爆走している。この上に電動キックボードまで罷《まか》り通れば歩道は限りなく車道に近づけられていく。〈車優先の社会で、自転車に乗る人も、電動キックボードを利用する人も、車道を走るのを避けたい気持ちは理解できる。だからといって、より弱い立場にある歩行者を危険にさらすのはおかしい。道路環境の整備・改善で対応するのが筋だ。〉

その通りだ。ならばマスコミ総出で安全性無視の改正道交法案阻止に乗り出すべき道理ではあるけれど……と考えていたら、案の定。

幾つかの地方紙を除くと、「朝日」のような論調が見当たらない。なぜか？　戦争報道に忙しく、それどころではない……という事情もあるのかもしれないが、大方はこんなところが背景ではないか。

経済誌『週刊ダイヤモンド』二〇二〇年一月一八日号の「来るか⁉　電動キックボード旋風」。海外ではシェアリングサービスが拡大している、いずれ日本でも、として、〈米ボストンコンサルティンググループ（BCG）の試算によれば、2025年にはグローバルな市場規模は400億〜500億ドル（約4兆3700億〜5兆4600億円）に達する〉。一九年夏に開かれた「多様なモビリティ普及推進会議」でも、当時の世耕弘成経産相が「電動キックボードが歩道を走れるようにするにはどうしたらよいか」と述べていたという。

携帯電話が普及し始めた一九九〇年代を連想した。通話に気を取られたドライバーによる人身事故の激増を尻目に、警察庁はマナーの遵守を呼び掛けるだけで犠牲者を増やすに任せ、代わりにケータイ万能社会を招き入れた。今度も同じ構図だろう。

もっとも、国会審議はこれからだ。筋論が利権に負けてよいはずがないのである。

マスメディアを上回ったインターネット広告費

二〇二二年四月一八日

昨年（二〇二一年）、インターネットの広告費が前年比二一・四パーセント増の二兆七〇五二億円となり、同八・九パーセント増で二兆四五三八億円だったマスコミ四媒体（テレビ、新聞、雑誌、ラジオ）の広告費合計を初めて上回った。広告費全体の三六・一パーセントを占めている。大手広告代理店の電通がこのほど発表した。

社会の急速なデジタル化によってもたらされた結果だ。とりわけ動画広告の需要が高まったという。ちなみに四媒体の伸び率が高いのは、新型コロナのダメージが著しかった前々年からの反動による。

この奔流はもう覆らない。新聞を読まない人、テレビを見ない人が珍しくもなくなった。メディアコンサルタントの境治氏が指摘するように、〈マスメディアはインターネットに負けたのだ〉（「東洋経済オンライン」三月三日配信）。

負けたテレビや新聞ではごく小さくしか扱われなかった現実は、しかし、私たちの暮らしや思考回路を一変させてしまうに違いない。かくて導かれる近未来は、しかも好ましい姿をしているとは限らないのだ。

このテーマを考えるには、ネットメディアの特性を理解しておく必要がある。①閲覧・視聴が原則無料で、多くの配信主が収益を広告のみに依存している、②その広告の料金は記事や動画のクリック数を基に決定されるため、セグメント化（読者・視聴者の絞り込み）が明確で、刺激的なタイトルや内容に走りがち、③体裁は報道や番組でも実は広告という「ネイティブ・アド」が多い、④記者や制作者の報酬が安く、経費も十分には支払われないので、質が低く、無責任なコンテンツが目立つ——などといった具合だ。

もちろん例外もたくさんある。筆者は既存メディアと比較した場合の傾向を述べているに過ぎない。

他方、「負けた」側の既存メディアは、従来のスタイルをとりあえず維持しつつ、デジタル全盛の環境に自らを順応させることで生き残りを図りつつある。実際、電通の発表によると、「四媒体由来のデジタル広告費」が前年比で三二・一パーセントの伸びを示し、初めて一〇〇〇億円の大台に乗った。新聞・雑誌のデジタル版や、テレビ番組の見逃し配信等で流される広告に投じられるお金だ。ネット広告市場における割合はまだ小さいが、たとえば完全デジタル化が果たされた暁の新聞を想像してみられたい。

あらゆるメディアがデジタル化され、辛うじて生き残る既存メディアも、それらと同様の特性を共有していくことになる。セグメント化が徹底されて総合的な媒体が滅びれば、自分と仲間以外の存在に配慮する行動原理も失われ、市民社会の分断と対立はよりいっそう進んでしまう。

単に紙や映像画面がデジタルに置き換わるというだけでは済まない。現在進行中のメディア革命はジャーナリズムの広告への屈服にも通じ、とすれば民主主義の終焉《しゅうえん》を意味しかねないのである。

「専制主義」と「民主主義」の戦い、なのか?

二〇二二年五月九日

ウクライナでの戦争が泥沼化しつつある。早期の停戦は見込めず、終戦までには一〇年以上を要するのでは、という懸念が広がってきた。

肌が粟立《あわ》つような主張が目立ち始めたのはこのためだ。産経新聞の四月一三日付朝刊「耳目の門」欄は、ウクライナは自由と民主主義を代表して戦っているとの旨を強調。第三次世界大戦を望むものではないけれど、とした上でだが、こう結んでいた。〈まずはロシアを経済破綻《はたん》に追い込む制裁を徹底し、戦争犯罪を追及して外交圧力をかけるのは当然だ。だが、直接衝突の回避を前提に置けば、効果的な牽制や反撃の手段を自ら封じる。(中略)

西側が供与した大量の武器は露軍戦車の破壊に役立ったが、自らは手を汚さず血を流していない。民間人の虐殺がさらに拡大した場合でも、ウクライナを盾にしたままにするのか。守るべき価値観と合致する態度とは何かが問われることになる。〉

やや回りくどい筆致の真意は、見出しに明らかだ。〈「大戦回避」は最優先事項か〉。署名にある特別記者・石井聡は前論説委員長だから、ほとんど社論といっていい。

バイデン大統領は昨年一二月、何があろうと軍事介入はしないと明言していた。これがプーチンに対する米国の抑止力を弱めた最大の要因だ、曖昧《あいまい》にしておくべきだったとする見方は、軍事や外交の専門家の間でかなり共有されている。

それはそれで一面の真実ではあるかもしれない。しかし、だからといって、第三次世界大戦を恐れるな、とも読める論陣が、仮にも全国紙で張られてしまうとは。

恐ろしいことだが、ここまで論理を飛躍させた新聞は目下のところ、さすがに「産経」ぐらいだ。簡単には多数派にならないと信じたい。

問題はむしろ、「守るべき価値観」というくだりではないかと、筆者は思う。これは単なる露宇戦争ではない、「専制主義」と、ウクライナを含む欧米および日本の「民主主義」との価値観戦争なのだ、というバイデン流の論法は、今や「産経」のみならず、日本でもほとんどのマスメディアで定着した。いずれ疑問を差し挟む余地もない〝常識〟にされていく予感がする。

だが、現在のロシアは立派な資本主義国だ。共産党の一党独裁といわれる中国も同様。なるほど彼《か》の国々が強権的なのは確かでも、たとえば安倍一強で強行採決が常態化した日本が、どれほど民主的であるものか。

楽天グループの三木谷浩史社長が、『週刊文春』の連載コラムで、面白いことを書いていた。このような事態は想像もしてこなかった、なぜならロシアは、〈旧ソ連時代とは異なり、基本的に資本主義の論理で動いている国だと捉えていたからだ〉という（四月七日号）。

資本主義の国は侵略をしない、とでも？　米国はイラクでもアフガニスタンでも、今回のロシアと同じことをやり、罪もない民間人を、もっと大量に殺した。

二〇二二年五月二三日

軍事大国へ操られる社会心理

日本の防衛力の強化に「賛成」の人が六四パーセントで、「反対」は一〇パーセント。朝日新聞と東京大学・谷口将紀研究室との共同調査の結果だ（「朝日」五月八日付朝刊）。「賛成」が六割を超えたのは、二〇〇三年に調査が始まって以来、初めてという。

調査票は全国の有権者三〇〇〇人を対象とし、三月一五日に発送されている。ロシア軍によるウクライナ侵攻を受けたタイミングだったことが大きく影響したと見られる。

これだけではない。四月下旬に行われた日本経済新聞の世論調査でも、防衛費の目安を現状のGDP比、一パーセントから倍の二パーセントに引き上げよとする自民党内の意見に、「賛成」が五五パーセントで、「反対」は三三パーセント（四月二五日付朝刊）。「日経」は同じ紙面の一面トップでも、東京都内の地下鉄でシェルターに転用可能なのは大江戸線だけだ、米国との同盟強化や防衛力整備で核戦争への備えを急げとする旨を、強調していた。

はたして自民党は翌々二七日、防衛費の倍増と相手国の政府中枢への先制攻撃をも可能にする〝反撃能力〟の保有、「防衛計画の大綱」を米国と同じ「国家防衛戦略(NDS)」に改称し、一部を秘密化すること等を求めた提言を、岸田文雄首相に手渡している。実現すれば日本は米中に次ぐ世界第三位の軍事大国となり、米国と完全に一体化した、常時戦時体制の社会へと変質しかねない。現首相は被爆地・広島を地盤とし、党内では〝ハト派〟とされる岸田氏なのに、これでは安倍晋三元首相の路線そのものだ。

誰もが「悪魔」と呼んではばからないプーチンと気脈を通じ、在任中、「ウラジーミル、君と私は同じ未来を見ている」とまで口にした安倍氏は、戦争を追い風に、かえって復権してしまった。政治ジャーナリストの鮫島浩氏によれば、党内人事や夏の参院選の候補者擁立でも、今や彼の存在感がかつてなく高まっているという(『サンデー毎日』五月二二日号)。

施行七五年目を迎えた憲法も、このままでは風前の灯火《ともしび》だ。憲法記念日に発表された朝日新聞の世論調査で、改憲が「必要」だとした人は五六パーセント。「読売」では憲法を「改正する方がよい」とする回答が六〇パーセントを占め、いずれも護憲の声を大きく上回った。

社会心理とは、こうまで簡単に操られてしまうものなのか。メディアの煽り立てるウクライナ情勢や中国脅威論には、ためにする誇張も少なくない。にもかかわらず——。

自暴自棄に陥りかけた時、東京新聞の社説(五月八日付朝刊)を読んで救われた。ロシアや中国や中東で目立つ近年の「帝国再興」への志向は、帝国であり続ける欧米生まれの主権国家制や民主主義の論理が内包する二重基準《ダブルスタンダード》に対する不信が追い風になっているとして、こう結んでいる。〈力の対抗に根源的な解決は望めません。西欧中心の現行の世界秩序やシステムに問題はないのか、侵略を非難しつつ、同時に内省すべき課題を直視すべきでしょう。〉

米国式「普遍的価値」は絶対か？

二〇二二年六月六日

ある有意義な論考を読み直した。朝日新聞三月二六日付朝刊オピニオン面、佐伯啓思・京都大学名誉教授（現代文明論）による〈「ロシア的価値」と侵略〉。

それによれば、米国の文明は歴史を、個人の諸権利、自由やデモクラシー、法の支配、市場競争など「普遍的価値」の実現に向かうと確信しているという。同じ価値観を共有しない国があれば軍事力で、あるべき世界秩序を維持する使命が自分たちにはあるのだ、と。

一方、ロシアのほうは複雑だ。旧ソ連の崩壊でアイデンティティを見失い、米国のいう「普遍的価値観」への懐疑心を募らせながら、「ロシア的価値」を模索している。〝兄弟〟であるはずのウクライナの欧米への接近は、一種の背信行為と受け止められたのではないか――。

プーチンに同情的なのではない。問題はむしろ、米国中心の「普遍的価値」や世界秩序構想がすでに破綻していることにあると指摘する。

〈「近代主義」の二大典型である「社会主義」と「アメリカ型のグローバリズム」が失敗すると、その背後から、いわば隠れていた「精神的な風土」とでも呼びたくなるようなものが表出してくる〉。

佐伯氏の議論は、いわゆる保守論客のイメージとは裏腹に、重層的で、触れる者の知的好奇心を刺激してくれる。にしても、筆者が今回、特にこの論考に惹《ひ》かれたのはほかでもない。五月二三日の日米首脳会談をめぐる報道が、あまりに単純で、一面的に思えていたからだ。たとえば翌二四日付朝刊の社説。

〈自由や民主主義、法の支配などの普遍的価値を重視する日米は、同盟を強化し、国際秩序の維持を主導する責務がある〉（「読売」）

〈米国がアジアの秩序の維持にも積極的に関与しようという姿勢は評価できる。ただ、危うさを禁じ得ない〉（「朝日」）

この二紙に限らない。日米両政府が打ち出した方向性を支持するか否かにかかわらず、どの報道も、米国式の「普遍的価値」論を無条件で受容し、大前提としている点に、激しい違和感を覚える。

自由や民主主義は望ましい価値だとは思う。とはいえ、その中心である米国こそ絶対の正義だとする独善からは、戦争が蜜の味の軍産複合体、世界市場で思うがままに荒稼ぎしたいグローバル・ビジネスの強欲ばかりが伝わってくるのである。

佐伯氏はこうも書いていた。

〈われわれはむき出しの「力」が作動する世界へ移行しつつある。（中略）西洋、アジア、ユーラシアの大国を舞台にした文明の衝突が起きる時、日本は、そのはざまにあって、前線に置かれる。その時、日本はどのような立場をとるのだろうか〉。

日本の対米従属は、もはや精神の領域にまで及んできた。米国の世界秩序観に魂までが侵襲され、アイデンティティの欠片《かけら》さえ喪失してしまう日を、筆者は恐れる。

「官邸のアイヒマン」が日テレ経営陣に

二〇二二年六月二〇日

元警察官僚の北村滋氏（一九五六年生まれ）が、六月二九日付で日本テレビホールディングス（ＨＤ）および日本テレビ放送網の監査役に就任する。五月一三日に発表された。警察庁で戦前戦中の特高——政治犯を取り締まった思想警察の流れを汲《く》む公安・外事畑を歩み、内閣情報官などを経て、二〇一九年から二一年まで国家安全保障局長の任にあった男だ。

国民の知る権利や人権を侵害しかねない特定秘密保護法の制定に奔走。内閣情報調査室等の課報機関を使って世論を誘導し、あるいは官邸絡みのスキャンダルの火消しに勤《いそ》しんだことでも知られる。安倍晋三政権下における「官邸のアイヒマン」の異名は伊達ではない。

そのような人物が、あろうことかマスメディア企業グループの経営陣に参画するという。ジャーナリズムと権力の一体化も極まれりの構図だが、この事態に正面から対峙《たいじ》して報じた新聞・テレビは皆無。雑誌でも『週刊ポスト』と『世界』が短く解説した程度だった。

いうまでもなく日本テレビは読売新聞系列の放送局だ。「読売」の特徴は政治権力と結託した報道姿勢。加計学園問題で安倍元首相に不利な証言をした前川喜平・元文部科学事務次官を陥れる〝スクープ〟を仕掛けたり、大阪本社が日本維新の会に実効支配されている大阪府と包括連携協定を結んだり。

そのような読売・日テレグループだとはいえ、いくら何でも異様に過ぎる人事が、特に一般の関心を引かぬよう仕向けられているがごとき現実は、何を意味するのか。日本のマスメディアは何も報じないことをもって、自らが権力の使い走りでしかなくなってしまっている大恥を、満天下に曝《さら》け出したにも等しいのではないか。

このままでは従来にも増して、北村氏に象徴される政府の価値観に、言論空間が染め上げられていく。すでに至るところで予兆がある。岸田文雄政権がまとめた「デジタル田園都市構想」の基本構想をめぐる報道を例にとってみよう。同構想は、二〇二七年度までに高速インターネット通信ができる光ファイバー回線を九九・六パーセントの世帯に普及させるのが柱。二六年度末にはデジタルに詳しい人材を二三〇万人育成し、あるいは高齢者などにスマホ操作を教える「デジタル推進委員」を全国に二万人確保するなどといったメニューも並ぶ。

圧倒的多数の報道は、この発表を垂れ流しただけだった。わずかに毎日新聞（六月二日付朝刊）と東京新聞（同三日付朝刊特報面）がやや批判的に伝えていたものの、それらも「わかりにくい」「無給で人が集まるのか」といった、国策を与件とした些末《さまつ》な指摘ばかりで、是非そのものを問うような問題意識は見られない。個々の市民が政府の命を得た私人に、デジタル監視社会への順応を急き立てられていく世《せ》の中への疑義を発することこそが、ジャーナリズムの責務であるはずなのに。

二〇二二年七月四日

〝勝った者が正しい〟に抗する模索を

思想家の内田樹《たつる》氏が、『週刊金曜日』（六月一七日号）に恐ろしいことを書いていた。自分たちに不利益をもたらすとわかっている為政者を、多くの有権者がどうして支持するのか、という話だ。

昨年の衆院選を分析した研究があるという。自民党はあまり支持される政策を打ち出せなかったのに圧勝した。そこで複合的な実験を試み、たとえば共産党の外交安保政策に「自民党」のラベルを貼ってみたところ、やはり自民党に投票するという回答が多かった由。

つまり有権者に政策の良し悪しは関係がない。どの政党が勝ちそうか、だけが重要らしいのだ。〈有権者はどの政党がどういう政策を掲げているかを投票行動の基準にしているのではなく、「どの政党が権力の座にあるのか」を基準にして投票行動をしているのである。／これは「最も多くの得票を集めた政党の政策を正しいとみなす」というルールをすでに多くの有権者が深く内面化していることを示している。〉

勝った者が正しい、とは。反知性主義もここに極まれりだ。小泉純一郎政権が構造改革の中核思想として以来、富める者や権力を持つ者ばかりを肥え太らせてきた新自由主義イデオロギーが、この世の中を生きる人々の基本的価値観にされてしまっているということか。

だとすると、近年のマスメディアの凄まじい堕落にも説明がつく。ジャーナリズムの重大な役割のひとつである「アジェンダ・セッティング」――今、何が問題で、どんな議論が必要なのかを提示していく「議題設定」の機能が果たされず、政府や自民党に主導権を握られている惨状が好例だ。マスコミの内部が新自由主義に過剰適応している結果なのだろう。

権力や、それに追従するネット世論にひたすら迎合したがる。読者には、ジャーナリスト・鮫島浩氏の新刊『朝日新聞政治部』（講談社、二〇二二年）を薦めたい。福島原発事故に関わる大スクープのデスクも務めた元スター記者の、トップや編集幹部らの保身のために排除された実体験が活写されている。「すべて実名で綴《つづ》る内部告発ノンフィクション」と帯にある。

私たちに残されているのは絶望だけなのか。いや、内田氏の議論にはまだ先があった。先述のような現実がある以上、野党は「政策が間違っていたから選挙に負けた」と受け止めてはならないと、彼は言う。いわんや勝った政党の政策にすり寄るなどもっての外。勝った政党の政策が「正しい」ということになるのなら、私たちは権力に抵抗する論理的根拠を失うからだ。〈投票に際して有権者は、「正しい」選択をすることを求められていない。何を求められているのかは自分で考えることだ。〉

どこか禅問答にも似て、にわかには胃の腑《ふ》に落ちてこない。さはあれど、手掛かりらしきものは摑めた気もする。模索の果てには幸福が待っている、と信じよう。

二〇二二年七月一八日

「民主主義」を後退させた安倍政治

参院選の投開票を翌々日に控えた七月八日午前一一時半頃、奈良市の近鉄大和西大寺駅前で、応援演説をしていた安倍晋三元首相（六七）が銃撃され、午後五時三分に死亡が確認された。発砲したと見られる山上徹也容疑者（四一）は、その場で現行犯逮捕されている。

マスメディアは挙《こぞ》って、「民主主義への卑劣な挑戦だ、許せない」などとする社論を打ち出した。民主主義の実現に不可欠な選挙活動中の暴挙なのだから当然だ。ただ、気になってならない点がある。

まだ犯行の動機も背景もわかっていない時点で、こんな表現が目立っていたことだ。「力で言論を封殺する行為」、「考え方の違いは言論で戦わせるべき」等々。前者は毎日新聞の主筆、後者は「読売」の編集局長のいずれも九日付朝刊一面に載った論考である。銃撃は安倍氏の思想や政治そのものに対する〝テロ〟だ、との認識が示されている、と言っていい。

同じ紙面には、山上容疑者による逮捕直後の供述内容が引かれていた。ある宗教団体に恨みがあり、「その団体と安倍氏につながりがあると思い込んで撃った」、けれども「安倍氏の政治信条に恨みはない」という。だとすれば言論云々《うんぬん》の指摘は、まるで筋が違ってくる。

もちろん当日の供述がすべてではない。事件が解明に近づくにつれ、やはり政治テロだった、という結論が導かれるのかもしれないが、選挙直前の新聞としては、あまりに軽率で、無責任な決めつけだと断じざるを得ないのである。

もっと言えば、本来、「民主主義」の用法にも、各メディアはより慎重であるべきだった。この国の民主主義を著しく後退させた張本人こそ安倍元首相であるからだ。現実政治に歴史修正主義を持ち込んで社会を分断し、強行採決を連発させて国会を機能不全に陥らせた。行政や司法のみならず、社会の隅々まで支配する強権体制。森友学園問題で公文書の改竄《かいざん》に当たらされ、ついには自殺に追い込まれた故・赤木俊夫さん、残された妻・雅子さんの無念を忘れまい。非業の死を遂げた安倍氏には謹んで哀悼の意を捧げよう。だが、そのことと、彼の政治に対する評価や、これからの日本を論ずることは、まったく別の話である。

事件とその報道を受けた参院選は、はたして自民党の圧勝だった。公平中立の縛りから解き放たれたマスメディアの主導によって、安倍政治の何もかもが美化され、英雄視されていくのであろうシナリオが怖い。

事件発生の直後から、ネット上には容疑者を〝パヨク〟〝在日〟〝中国人〟と呼んで嘲笑したり、「全国民が喪に服すべき」とでも言いたげな書き込みが溢れていた。そんな状況に疑問を呈した識者への罵詈雑言《ばりぞうごん》も凄まじい。ホリエモンこと堀江貴文氏や、元衆院議員の宮崎謙介氏は、事件の責任が安倍批判をしてきたメディアやジャーナリストにあるかのような発言をしている。論外だ。

二〇二二年八月一日

自民党と統一教会の関係を報じない全国紙

朝日新聞七月一九日付朝刊の一面と三面に載った社会学者・宮台真司氏（六三）のインタビ

ユーが問題になっている。「元首相銃撃　いま問われるもの」というシリーズ枠で、「『寄る辺なき個人』包み込む社会を」「バラバラな人々に巣食う病理」の見出しがついていた。

この記事の評判が悪かった。「政治の闇を語っていない」などとの指摘が少なくなかったらしい。

見識を疑われた格好の宮台氏は、ツイッターその他で舞台裏を明かした。元の原稿にはあった自民党と統一教会との関係等に関わる記述がことごとく削除されたという。

理由は不明だ。彼は消された部分を公開し、「（『朝日』は）『右派』の攻撃や自民党関係者らの抗議を恐れたことや、朝日の社会部より先に書くことによる社内反発を避けたことが理由ではないか」という旨を述べてもいるが（「J－CASTニュース」七月二二日付配信）、それほどの内容でもないような。

なんだかなあ、と思う。「朝日」だけの醜態ではなさそうだから困るのだ。今回の安倍晋三元首相銃撃事件をめぐる統一教会絡みの報道では、どの全国紙も腰が引けまくっている印象で、コトナカレ主義ばかりが目立つのである。

スクープ合戦で先頭を走るのは、やはり『週刊文春』だ。事件直後の〈伯父が告白〈150分〉山上徹也「父の自殺と母の統一教会1億円」〉（七月二一日号）や、〈統一教会と自民党「本当の関係」〉（同二八日号）は圧巻だった。夕刊紙・日刊ゲンダイも、統一教会と関係の深い政治家をリストアップするなど、大いに奮闘している。

日頃は権力の代弁者のごとき民放テレビだって。二世信者が「大規模集会で安倍氏のメッセージ動画が流されて、もう一生逃げられない、警察も助けてくれないいんだと絶望した」と話している情報番組を見た時は、カルトと政治権力の結託が意味するものを、眼前に突き付けられた気がした。

いつまで続くかはわからない。かつて統一教会の取材で名を馳《は》せ、今回も引っ張りだこになったジャーナリストの有田芳生《よしふ》氏（前参院議員）は、出演の際には統一教会が「政治の圧力」ゆえに摘発されなかった実態だけは「話さないで」と、クギを刺されるのが常なのだとか（ネットメディア「リテラ」七月二一日付配信）。

それでも、少なくとも目下のところ、新聞よりはマシだ。彼らには自民党と統一教会の関係について目を見張るような報道が皆無。週刊誌などがしのぎを削っていた七月二〇日、フィギュアスケートの羽生結弦選手のプロ転向を朝刊の一面トップに持ってきた「朝日」のセンスには、違和感を禁じ得なかった。

もはや忖度《そんたく》のハウツー局に成り下がったＮＨＫは論外。新聞も同じ運命を辿っていくのだろうか。組織の維持も大切だが、存在意義を放棄してしまえば元も子もないと、どうして誰も気付こうとしないのか。

安倍氏賛美の追悼特集組んだ二誌

二〇二二年八月二二日

『Ｈａｎａｄａ』（飛鳥新社）と『ＷｉＬＬ』（ワック）の九月号が揃って安倍晋三元首相の追悼特集を組んでいる。いずれも〝保守論壇誌〟と括《くく》られることが多い、近年、急激に存在感を高めていた月刊誌だ。

主な寄稿者はほとんど同じ。前首相・菅義偉《すがよしひで》、ジャーナリスト・櫻井よしこ、作家・百田尚樹、文藝評論家・小川榮太郎、作家・門田隆将《りゅうしょう》、安倍首相の元スピーチライター・谷口智彦……。誰もが競うようにして故人の人柄を回顧し、その何もかもを賛美していた。

百田「はっきり言えるのは、彼は政治家としてずば抜けて超一流、人としても実に優しくて思いやりがある配慮の人です。むしろ優し過ぎました」（『Ｈａｎａｄａ』）

櫻井「（安倍氏は）超一流の家系に生まれて、幼い頃から帝王学を身につけていました。リーダーとはいかにあるべきかという心構えを、空気のように吸い込んでいたはずです」（『ＷｉＬＬ』）

評論家・八幡和郎「犯人がいかなる人物かは、あまり重要でない。反安倍の立場の人たちが、テロ教唆と言われても仕方ないような言動、報道を繰り返し、暗殺されても仕方ないという空気がつくり出された。その空気こそが事件を引き起こした」（『Ｈａｎａｄａ』）

ページを繰るにつれて、不思議な思いに襲われた。いわゆる「アベ友」「安倍シンパ」というのは、欲得ずくの人々ばかりともいえないらしい。両誌を読む限り、彼らは安倍氏に本気で心酔し、愛して、敵と見なした者を心から憎悪している。

感心しているのではもちろんない。恐ろしいのだ。

考えてみれば、いくら利権の匂いがするからといって、仮にも首相に近づくことは容易でない。「アベ友」たちの多くが、最初は本人からアプローチされていたりする。安倍氏は早い段階から、身内のインフルエンサー集団の構築に励んでいたということか。

事件の直後、挙って故人との会食の思い出などをネットで語っていた芸能人たちを思い出す。「桜を見る会」は、インフルエンサーたちの社交場でもあった。

もともと思想的に近く、かつ親しくもなった人々にとって、安倍氏は優しく、頼もしくも映ったに違いない。ということは同時に、同調しない人々の排除にも直結する。高支持率の一方で、反安倍の世論が、過去の誰に対してよりも激しかった所以だ。

『Ｈａｎａｄａ』と『Ｗ・ｉＬＬ』の両追悼特集号からは、教祖様への強烈な信仰のような情念さえ伝わってきた。そこには安倍派と深い関係にあった統一教会の体質も、色濃く反映されているのかもしれない。

そこに国葬が来る。A級戦犯が一転して首相になった岸信介以来の、米国の完全なる属国としての日本の新しい「象徴」に、故・安倍晋三氏は祭り上げられていく。そのことが何を意味するのか。

統一教会追及で気を吐く日テレの思惑

二〇二二年九月五日

「日本テレビには政局観のある人たちがいるのでしょう。安倍派＝清和会の時代はもう終わりかも、と。で、これまで虐げられてきて、でも気骨のある人たちが――」

元朝日新聞政治部記者の鮫島浩氏が語った。八月二〇日夜、ネットテレビ「デモクラシータイムス」の「ウィークエンドニュース」。統一教会をめぐる最近の報道合戦は日本テレビ系の奮闘が目立つ、権力べったりの放送局がなぜ、という話題での発言だ。

「その点、NHKとか朝日新聞は、内部統制が強すぎ、優等生ばかりだから（ダメだ）」

鮫島氏はこの機に乗じた自民党内の権力闘争についても解説していた。要は報道界でも同様の力学が働いて、それが目下の日テレでは好ましい形で表れている、という。

いかにも政治記者らしい見方は、たぶん当たっているに違いない。とすれば日テレの原動力は、ジャーナリストの志ならぬ次の権力者に近づきたい一心だ、ということになってしまうけれども。

この日の出演者は鮫島氏のほか望月衣塑子《いそこ》、北丸雄二、斎藤貴男各氏の四人。司会の高瀬毅氏も、全員がジャーナリストであるだけに、マスコミの業界話にも花が咲いていた。

それにしても、自民党の政治家たちと統一教会とのズブズブぶりはどうだ。「安倍さんの権力が絶大だった時と違い、血みどろの権力闘争の下では、情報がダダ洩《も》れになってくる。みんながバラバラの思惑で動きます」と鮫島氏。

そのことが将来にどんな影響をもたらすのかはわからない。ただし現段階では、たまりにたまった政治の膿《うみ》が搾り出されつつある状況を、素直に喜びたいと思う。

もっとも、デモクラシータイムスでは北丸氏がこんな話もしていた。

「光文社の週刊『女性自身』が、この問題で杉田水脈《みお》議員に、取材を申し込んだが、杉田側は『御社は統一教会と関係していませんか、何もないと証明できますか』を口実に拒否したというのです」

それはそうだよね、と北丸氏は続けた。取材拒否はいただけないが、統一教会とわずかでも関わった政治家を叩いている以上、じゃあお前のところはどうなんだ、と返されても仕方がない。実際、統一教会は二一日に、一連の報道は信教の自由を無視したバッシングだなどと主張。イベントの協賛や後援、ボランティアの派遣など、過去における報道機関との関わりを公開する方針を打ち出した。

なるほど、メディアも霊感商法のカネや人手の恩恵に与《あずか》っていたとすれば、政治家たちと同罪だ。この国の膿を出し切るためには、むしろ進んで返り血を浴びる覚悟が必要である。問題は、メディア各社がいつまで追及の手を緩めずにいられるか。自民党内の権力闘争が一段落したら元の木阿弥《もくあみ》に戻ってしまい、いざ安倍国葬の頃には、彼の神格化を後押しする側に回ってた、なんてオチだけはご免こうむりたい。

「#ちむどんどん反省会」に漂う暗い情念

二〇二二年九月一九日

平日朝に放送中のNHK連続テレビ小説「ちむどんどん」が八月三一日、クランクアップした。沖縄の本土復帰五〇年を記念する、家族とふるさとの物語。ヒロインの暢子《のぶこ》を演じた沖縄県出身の黒島結菜《ゆいな》さん（二五）は、「大変な時期もありましたが、撮影現場に行きたくないと思う朝は一度もなくて、毎日作品を作ることがとても楽しかったです」と語ったという。

万感胸に迫るものがあったに違いない。このドラマに対する世間のバッシングはあまりにも激しく、彼女自身もまた、半端でない個人攻撃を浴びせられていたから。

スタート間もない五月には、早くも「ちむどんどん反省会」なるハッシュタグが立ち上がり、脚本家や俳優たちへの非難が重ねられていった。曰《いわ》く、展開が安直でご都合主義だ。曰く、作劇が小学生の漫画家ごっこレベル。曰く、暢子の無鉄砲が過ぎる。曰く、もう黒島結菜が無理になってきた、云々。

ネット上だけではない。つい先日も、作家で日本大学理事長の林真理子氏が、『週刊文春』の連載エッセイで、嫌味たっぷりに書いていた。暢子は妊娠しても沖縄料理店のオープンを強行する、脚本家は「沖縄風みんなで子育て」でも考えているのかとして、「が、時は既に遅し。暢子はこんなにみんなに嫌われてしまっている。朝ドラ史上、これほど共感されないヒロインはいないかもしれない」（九月八日号「夜ふけのなわとび」）

筆者には、しかし、「ちむどんどん」が全然つまらなくない。どころか逆に、ものすごく面白いのだ。

テレビドラマのご都合主義なんて当たり前。はた迷惑なヒロインも朝ドラの常識だ。筆者に言わせれば、「ほんまもん」（二〇〇一年下期）や「だんだん」（二〇〇八年下期）、「つばさ」（二〇〇九年上期）あたりのほうが、よっぽど無茶苦茶だった（でも、だからこそ面白かった）。

それらが今回のようには叩かれなかったのは、SNSが普及していなかったことに尽きるのかもしれない。スマホの操作ひとつで誰もが意見を表明できるのは、本来、よいことであるはずだ。だが人として、仲間内以外の、とりわけ当事者の目に触れる可能性が高い場合にはなおさら不可欠の気遣いもできず、ウップン晴らしのために他人を傷つけまくるのが嬉しい手合いが、今のこの国には多すぎる。

嫌いなドラマなら観なければよい。問題は、彼らをしてこんなふうにさせてしまう暗い情念が、奈辺から来るのか、だ。

バッシングの主たちの心性に、沖縄差別がなければよいが、と考えてもみてしまう。「#ちむどんどん反省会」にはそれほどに、あまり甘く見ていてはいけない臭いが漂っているような気がする。

中盤以降の「ちむどんどん」では、いつも元気な暢子の表情が、時折、悲しげに見えた。彼女は九月末の最終回までに、持ち前の明るさを取り戻してくれているだろうか。

二〇二二年一〇月三日

JCJ賞授賞式に見たメディアの未来

さる九月二四日、都内で行われたJCJ（日本ジャーナリスト会議）賞授賞式に、筆者も選考委員のひとりとして参加した。一九五八年から続く、非戦・反戦・平和の理念を体現した作品に栄誉が与えられる瞬間を見ておきたかった。

贈賞に先立って、上西充子《みつこ》・法政大学教授の記念講演があった。政府お得意の〝ご飯論法〟に対する痛烈な批判で知られる学究の、「報道が権力監視のためにできることは独自の調査報道だけではない。日々のニュースの扱い方が大事だ」という指摘に刮目《かつもく》させられた。

大賞は斉加尚代《さいかひさよ》監督の映画「教育と愛国」。毎日放送（ＭＢＳ）のディレクターとして長く大阪の教育を取材してきた同氏が、政治に翻弄される学校現場を描いたドキュメンタリーである。新聞部門では信濃毎日新聞の連載『土の声を「国策民営」リニアの現場から』。出版部門で東洋経済新報社の風間直樹氏らによる『ルポ・収容所列島　ニッポンの精神医療を問う』と北海道新聞社編『消えた「四島返還」安倍政権　日ロ交渉２８００日を追う』、テレビ部門で北海道放送「ネアンデルタール人は核の夢を見るか～〝核のごみ〟と科学と民主主義」。また今回は、復帰五〇年を迎えた沖縄で基地の島の現実と真正面から向き合う報道に定評のある沖縄タイムスと琉球新報が「特別賞」に輝いた。

受賞者たちは次々にスピーチの壇上にも立った。特に印象に残ったものをいくつか紹介したい。

北海道新聞社の渡辺玲男さん。「北方領土の返還交渉は、官邸主導で進められました。現場をよく知らずに発言する人も多く、片や思い通りに仕事ができない外務省の取材との擦り合わせが大変で。もうロシアとは対話もしなくていいという認識が現政権の意向のようですが、地元紙としては、隣国との関係がそんなことでよいのだろうかという思いです」

沖縄タイムス社の照屋剛志さん。「日本復帰は、ちむどんどん（心がウキウキする気持ちを表す沖縄方言）ばかりじゃありません。ちむわさわさ（不安で落ち着かない）も、ワジワジー（頭に来る、イライラする）もあります。そんなことを、これからも伝えていきます」

斉加尚代さん。「教育現場における小さな変化を、数珠つなぎにして完成させた映画です。安倍晋三政権の間に日本社会は壊れていき、そこから導かれた銃弾によって、安倍さん自身の命も奪われてしまった。教科書から戦争の、とりわけ加害の記述を消し去ることがどんな意味を持つのか、これからも問い続けたいと思います」

日頃はマスメディアの状況に不満を述べることが多い筆者だけれど、こうして優れた作品の担い手たちの思いに触れると、やっぱり捨てたもんじゃないな、と嬉しくなってくる。この国のジャーナリズムはまだ死んじゃいない。若い書き手・作り手たちも続いてくる。未来はきっと大丈夫だ、と。

「米オスプレイ沖縄配備一〇年」の温度差

二〇二二年一〇月一七日

米海兵隊の垂直離着陸輸送機MV22オスプレイの普天間飛行場（沖縄県宜野湾市）配備一〇年目を迎えた一〇月一日、地元の二紙が、このテーマで多面展開。同機の危険性を訴え、民意を顧みない日米両政府を強く批判した。

沖縄タイムスは、ＭＶ22の一〇万飛行時間当たりの重大事故（クラスＡ）率が、二〇〇三年以降の累積で二・三〇程度となったことを明らかにしている。かねて事故が頻発し、一七年九月末に三・二六を記録。昨年九月末には二・〇五まで下がっていたのだが、今年に入り二件のクラスＡが発生して、再び事故率を上げてしまった。

最新の事故率は同紙が飛行時間と事故件数を米海軍から入手し、独自に算出した。一九年九月末以降は公式の情報が提供されなくなったための取り組みだ。

有意義な報道である。なぜなら近年、オスプレイの安全性を疑う報道は中国政府に指示されたマスメディアの印象操作だ、などといった陰謀論の類《たぐい》がネット界隈《かいわい》で罷り通っていたから。とんでもない話で、実は開発段階から事故を繰り返しては数十人単位の死者を出している。この八月には米空軍もＣＶ22型機の飛行停止に踏み切らざるを得なかった。

飛行停止はしかし、事故多発の原因も不明のまま、わずか数日で解除されている。構造の九割がＣＶ22と共通し、沖縄の空を飛び回っているＭＶ22のほうは、何らの措置も取られていない。

沖縄のＭＶ22には、そもそも住民の安全など歯牙《しが》にもかけていない運航が目立つ。名護市沿岸の浅瀬に墜落したのは一六年一二月だったが、昨年一一月にも、離陸直後の同機から、ステンレス製の水筒が宜野湾市の民家敷地内に落下している。

沖縄県民の不安や恐怖は当然だ。前日の九月三〇日には玉城デニー知事が記者会見で、政府に訓練の県外移転や移駐の早期実現などを求めた。だが浜田靖一防衛相はなおオスプレイの安全を強調。陸上自衛隊も本格的な配備を進めていく方針である。

世界でオスプレイを運用している国は米国と日本だけ。琉球新報の社説が的確だ。〈県民生活を脅かし、構造的、差別的とも言われる基地問題の根源の一つには主権国家であることが疑われるような日本政府の対米追従の姿勢があり、また一つには航空法など国内法の適用を免じる日米地位協定の欠陥がある。〉

他方、同じ一〇月一日付の在京紙は全紙とも、この問題に触れずに済ませた。はたして、というべきか、前日に初会合があった政府の「国力としての防衛力を総合的に考える有識者会議」の、元防衛次官や元外務次官も参加する同会議のメンバー一〇人のうち三人が新聞社の現・元幹部なのだ。

喜多恒雄（日本経済新聞社元会長）、船橋洋一（朝日新聞社元主筆）、山口寿一（読売新聞グループ本社社長）……。報道が権力に取り込まれていく、うそ寒すぎる光景だ。

〝中国の脅威〟報道に戦争回避の論陣を

二〇二二年一〇月三一日

中国の脅威を伝える報道が激増している。習近平総書記（国家主席、六九）が一六日、第二〇回中国共産党大会の開幕早々、「中国式現代化」を拡大し、欧米中心の世界秩序を再編していきたい意欲を鮮明にした。彼はまた台湾情勢に触れ、平和的統一を目指すとしながらも、「決して武力行使の放棄を約束しない」と述べたのだから、当然の流れではあるのだ。

党大会は二二日に閉幕。ナンバーツーの重鎮とされた李克強《リークーチアン》首相（六七）や、その後任候補と言われた汪洋《ワンヤン》・全国政治協商会議主席（六七）らが退任した問題も重大だ。〈両氏の退任は、習氏一強が進む指導部で、バランスに配慮してブレーキをかける役割がいなくなることを象徴する〉と書いたのは朝日新聞の二三日付朝刊だ。産経新聞二二日付朝刊は、ヒラリー・クリントン元米国務長官へのインタビューで、〈（彼女は）台湾近海が日本にとってもエネルギーや物資輸送の重要航路であると指摘し、「海上輸送妨害や台湾への侵攻、民主主義の破壊は、（相応の）結果が伴う」と述べた〉。

時代はいよいよ危険なステージに突入したのか。だが相手は外国の政治権力だ。どれほど日本のメディアが難じても、それで中国の世論が喚起され、より平和的な体制に改められるわけでもない（日本国内でも同様だが）。だから報道機関各社には、事実を事実として伝えるだけでなく、この危機的状況において日本は何をなすべきか、どうしたら戦争を回避できるのか、を考えさせる論陣を張ってもらいたいと願う。

たとえば「中国式現代化」と、その拡大路線の捉え方である。今日の世界秩序に対する彼らの挑戦姿勢の根幹に、欧米由来の価値観や歴史認識への強い反発があるのは明白だ。習氏がかねて掲げてきたスローガン「中国の夢」が、阿片戦争（一八四〇～四二）に敗れ、英国に香港を奪われて以来、欧米列強や日本に主権を侵され続けた屈辱から脱却し、その過程で中国人の深層心理に刷り込まれてしまった敗北感や劣等感を払拭《ふっしょく》して、誇りを取り戻すことを意味していることを思えば、その発想のすべてを断罪はできないはずである。

新たな覇権を狙う習近平体制は正しいと言いたいのでは、もちろんない。加害と被害の歴史的な関係はあっても、同じ東アジアの民族として共感できる点は共感しつつ、だからといって武力で世界の支配構造を覆そうと企てるのであれば、かつての欧米列強と同じ穴の狢《むじな》ではないかという真理を、繰り返し説いていく。そんな取り組みができないか、具体的にはどうしたらよいのかといった議論を、筆者などは新聞や雑誌で読みたいし、テレビ、ラジオでも聞きたい。

今の日本には手に余るミッションかもしれない。ではあっても、米国に従っているだけでは戦場にさせられてしまうのだから――。

戦争を煽る報道だけはご免こうむる。

「朝日」再生の処方箋を考える

二〇二二年一一月一四日

朝日新聞の発行部数が四〇〇万部を割った。日本ABC協会のまとめによると、この九月度は三九九万三八〇三部で、前年同期より約六二万六〇〇〇部も減っている。

近年の新聞離れは凄まじい。他の全国紙も事情は同じで、「読売」が約六六七万八〇〇〇部（前年より約三七万一〇〇〇部減）、「毎日」が一八七万二〇〇〇部（同一一万五〇〇〇部減）、「日経」一七〇万二〇〇〇部（同一五万一〇〇〇部減）、「産経」一〇〇万九〇〇〇部（同八万二〇〇〇部減）の体たらく。

それにしても「朝日」の凋落《ちょうらく》ぶりはどうだ。ピークだった八四一万八〇〇〇部（一九九七年）の、もはや半分以下。数字的には七三年の四割以下に減らした「毎日」よりマシでも、「朝日」の落ち込みは急激に過ぎる。

なぜか。保守化した社会のとりわけ若者層の支持を失ったというのが定説だが、それだけだろうか。『週刊ポスト』（一一月一一日号）に載った、服部孝章・立教大学名誉教授（メディア法）の所見が、筆者にはしっくりきた。「安倍政治を検証して批判するのが朝日に期待される役割だったはずが、若者や中高年にもリベラルな論調を嫌う傾向が強まると、朝日もそれまでのスタイルを弱めた。私は朝日がリベラル色を薄めたことが、部数減につながったと見ています」

「アンチ朝日」に加え、味方のはずのリベラル派にも見放されつつある、のか。腰の引けた紙面にジャーナリストの気概が感じられないのは確かだ。「読売」や「産経」と横並びで消費税の軽減税率を受けたり、東京五輪の公式スポンサーになって政府と一体化したりと、権力にすり寄りたがる姿勢も含めて、信頼しろというほうが無理なのかも。このままでは「朝日」は、泥船そのものになり果てる。

だが、それでは困るのだ。腐ったりといえども「朝日」があるのとないのとでは、言論空間のあり方が大きく違ってくる。「朝日」再生の処方箋をみんなで考えていこうではないか。

紙面の問題をさて置けば、「朝日」には明るい要素も増えている。昨年三月期に約四四二億円の赤字だった経営状況が、不動産事業の好調やリストラの成果で、黒字へのV字回復を果たした。他社を圧倒する部数減にしても、「単に『押し紙』を整理した結果である可能性もある」（黒藪哲哉「メディア黒書」一〇月二一日配信より）という指摘もなくはない。

「押し紙」とは新聞社が発行部数の嵩《かさ》上げを図るため、販売店に必要以上の部数を買い取らせる行為のことだ。大きな声では言えないにせよ、日本報道界最大の悪弊の改善に着手したということであれば、それはそれで立派な取り組みではある。

と同時に、せっかくの利益は、明日のジャーナリズムのために投資してほしい。たとえば『朝日ジャーナル』の本格的新創刊はどうか。かつての看板雑誌のタイトルとテイストを引き継ぎつつ、これからの民主主義社会に不可欠の調査報道&談論風発誌。実現できれば、朝日新聞社は他の追随を許さない存在感を放つこと間違いなしだと、敢《あ》えていおう。

テレビの忖度問うドラマ「エルピス」

二〇二二年一一月二八日

一〇月二四日にスタートしたフジテレビ系の連続ドラマ「エルピス――希望、あるいは災い」（関西テレビ制作、月曜夜一〇時～一〇時五四分放送）の評判がすこぶるいい。日頃は辛口の識者やメディアが褒めちぎっている。
影山貴彦・同志社女子大学教授「今期この作品を見逃すことは、視聴者にとって大いなる損失となると思うほどだ」（毎日新聞大阪本社版一一月七日付朝刊）
「挑戦的でかつ完成度の高いこのドラマを無事に完結させるためにも、そして、テレビの状況が改善されて『エルピス』の後につづく作品が生まれてくるためにも、一人でも多くの人に

この作品を見てほしい」（「リテラ」一一月六日配信）

硬派の社会派ドラマである。スキャンダルで深夜のバラエティ番組に飛ばされた女性アナウンサー・浅川恵那（長澤まさみ）が、駆け出しディレクターの岸本拓朗（眞栄田郷敦《まえだごうどん》）とともに、有形無形の圧力を受けながら、ある冤罪《えんざい》事件の深層に迫っていく。監督は大根仁で脚本が渡辺あや、プロデューサーは佐野亜裕美と、名うてのスタッフたちが結集した。

「自分があたかも真実のように伝えたことの中に、本当の真実がどれほどあったのかと思うと……。苦しくて、苦しくて、胸が詰まりそうになります」

栄光に包まれていた頃の自らを省みて、恵那が言う。回想シーンには福島第一原発事故直後のスタジオで「問題ない」と語る専門家や、東京五輪招致のプレゼンテーションで「アンダーコントロール」と嘯《うそぶ》く安倍晋三元首相の映像が――。

権力に媚《こ》びることしか知らない昨今のテレビへの問題意識に貫かれた作品だ。本作が玄人筋で高く評価されている所以である。

日の目を見るまでには大変な苦労があったらしい。渡辺あや氏と、トマト農家との兼業映画監督・山崎樹一郎《じゆいちろう》氏の対談が興味深い。発端は佐野プロデューサーの「ラブコメ」企画だったというのだが――、

渡辺「気づいたら政治の話題ばかり。（中略）メディアの自主規制がひどいなと思い始めた頃でした」

――最初から関西テレビに持ち込んだのですか。
渡辺「いえ、ことごとく断られました。関西テレビの方が『これ、やった方がいいですよ』と言ってくれた。『こういうのは駄目』と思い込んでいただけじゃないかとも感じました」
山崎「テレビ局の話だけど、社会全体に広がる忖度の空気を表していますね。言うべきことを分かりやすく言うって、痛快ですね」（朝日新聞一一月一五日付朝刊）
もっとも、評判を知った上で作品を観てみると、それほど強烈なインパクトは感じられなかった。かつてのテレビには、もっともっと鋭い批判精神が横溢《おういつ》していたように思う。ではあるが、現代の日本において、「エルピス」は確かに凄《すご》い作品ではある。本格的な巻き返しが始まったのだとすれば素晴らしい。

二〇二二年一二月一二日

「独裁はなかった」と偽られた歴史

歴史って何なんだ？
毎日新聞（一一月三〇日付朝刊）の一面トップを読んで、思わず叫びたくなった。リード

〈前文〉から引き込まれてしまう。

〈想像してみてほしい。例えば数十年前、独裁者が支配していた国で数万人の市民が拷問にかけられたとしよう。怒った市民のデモが宮殿に押し寄せ、独裁者一族は追い出された。だがその歴史はある日、「なかったこと」にされる。そして、あの時代について謝罪することはない、と主張する彼の息子が大統領に当選。周囲は「民意が示された」と胸を張る――。〉

現実の話だ。さる五月にフィリピン大統領に就任したボンボン・マルコス氏（六五）の父親は、一九六五年から約二〇年も政権を握り続けたフェルディナンド・マルコス氏である。

暴政の限りを尽くした男だった。巨額の不正蓄財や、七二年発令の戒厳令下でのおぞましい弾圧を知らぬ者はない……と思われていた、のだが。記事によれば、当のフィリピンで、彼は今や残虐な独裁者ならぬ同国をアジア第二の経済大国に押し上げた英雄とされ、あれは「黄金の時代」だったのだとするストーリーが罷り通っているらしい。

はたしてSNSの動画投稿サイトに溢れる嘘《うそ》、嘘、嘘の積み重ねが導いた混沌《こんとん》だ。ここ一〇年ほどで形成されたネットワークに、ボンボン陣営の選挙工作が乗じた結果。マラカニアン宮殿を取り囲んだ民衆蜂起が世界史に刻まれた瞬間から、わずか三五年余りしか過ぎていないのに。かくも歴史とは脆《もろ》いものなのだろうか。

背景には自国史を軽視した学校教育があるという。件《くだん》の戒厳令についても、独裁維持の目的は伏せられ、「共産主義の脅威」に対抗したなどと、当時の政府見解そのままの教科書が主流とか。要は批判的な思考を育まない環境と、民主化の恩恵が幅広くは行き渡らない格差社会が、SNSの嘘を信じ込みやすい人々を量産した旨を、記事は述べている。

こうしたフィリピンの情勢を、日本の大手メディアはなかなか報じない。朝日新聞の元ハノイ支局長が何度か書いていたが、別刷りの日曜版とネット配信のみの特別紙面「グローブ」への掲載が主なので、どこまで一般の読者に届いているものか。

それらによると、米国の大統領選などで暗躍した英国のコンサルティング会社が最初に集団情報操作の実証実験を行った国がフィリピンだった由（三月一六日配信）。とすれば同国の光景はいずれ世界中で共有されていきかねない理屈だが、その割にフィリピンの現地取材が薄い日本の現状は面妖だ。

すでに似たような社会構造に陥りつつある実態や、対中国包囲網で連携を強めたいボンボン政権の実像から人々の目を背けさせたい意向がどこかで働いているのか。ともあれ乏しい情報の中から真実を見分け、いかにして対抗していくのかを、私たちはよほど考え抜いていく必要があることだけは間違いない。

軍拡財源で消費税増税伝えぬメディア

二〇二三年一月九日

政府は自衛隊の施設整備費の一部に建設国債を充てる方針だ。二〇二七年度までに計約一・六兆円程度の見通し。戦後初の取り組みで、実現すれば大きな方針転換となる。一二月一三日付の読売新聞朝刊が一面トップで報じた。

記事によれば、これまで自衛隊施設は耐用年数が短いという理由で認められてこなかった。福田赳夫《たけお》蔵相（後に首相）の「防衛費は消耗的な性格を持つ」という一九六六年の答弁も紹介されている。

ただしこの記事には、答弁の背景にあった戦時国債で軍事費を膨張させた過去への反省に関する言及がなかった。政府・自民党寄りの「読売」らしいというべきか。

中国を仮想敵とする軍備増強論がにわかに熱を帯びてきた。報道を比較すると、その財源論におけるスタンスの〝違い〟がわかって興味深い。

たとえば一二月九日付の全国紙朝刊は、岸田文雄首相が与党幹部らとの政策懇談会で一兆円規模の「防衛増税」を表明したと報じた。この際、「個人の所得税の負担が増加するような措置は行わない」とした岸田発言を受けるなどして、「読売」、「産経」、「毎日」は法人税増税が「軸」「有力」だと強調し、大見出しにも使って、あたかも既定路線であるかのように伝えている。

ところが「朝日」は、法人税が軸とは書いても経済界の言い分や自民党内の反発に字数を割き、困難さを示唆。「日経」はといえば、本記とは別に「法人税軸に所得税も検討」と三段の見出しで、首相の発言通りにならない可能性も指摘した。なお、日頃は戦時増税問題に熱心な「東京」は、この日に限って首相発言そのものを小さく扱っていた。

各紙の論調、というより書きっぷりを総合し、その後の自民党内の動きも合わせて考えると、強く感じられることがある。一連の報道ではまったく触れられていない、消費税のさらなる大増税への懸念だ。

「朝日」が特に引いていた十倉雅和経団連会長の「広く薄く、偏らず、というのが基本だ」というコメントがわかりやすい。経済界の常套句《じょうとう》と、その意向に沿わないはずがない自民党政治の現実を知らない新聞記者など皆無である。となれば近い将来における消費税増税の強行以外の成り行きなどあり得ないにもかかわらず、そのことをきちんと伝え、論じ、あまりの理不尽に真っ向から異を唱える新聞やテレビが見当たらない惨状が、私たちを取り巻くメディア状況なのである。

読・産・毎は、岸田政権が目論む論点そらしを丸ごと垂れ流し、世論の誘導に一役も二役も買った。スタンスの〝違い〟と先に書いたが、「朝日」や、やや異なる方法で「示唆」はしてくれた「日経」と「東京」も、前記の三紙とどれほどの差があるものか。

根源的な部分で政治権力と同一歩調しか取れないジャーナリズムとは、いったい何だ。新聞に適用されてしまった軽減税率の毒は、もはや社会全体に回りつつあるらしい。

物足りなかった元日付各紙

二〇二三年一月二三日

元日付の朝刊紙面は寂しかった。一面トップが、「朝日」はノーベル賞作家スベトラーナ・アレクシエービッチ氏のインタビュー、「日経」は連載企画「Ｎｅｘｔ　Ｗｏｒｌｄ　分断の先に」、「産経」と「東京」も同じく「民主主義の形」、「まちかどの民主主義」のそれぞれ初回。どれも日頃の紙面を水増ししたような雰囲気が漂う。

やはり連載「『平和国家』はどこへ」の一回目を張った「毎日」は、それでも「日台に軍事連絡ルート／中国の台湾進攻に備え／水面下で構築　現場同士で通話」の内容で、相応のインパクト。「読売」は「日韓レーダーを接続／北ミサイル　探知、即時共有へ／米を経由、迎撃能力向上」と特ダネ狙いの独自取材。意気や壮、ではあるけれど、「毎日」、「読売」ともにまず政治的な主張ありきで、見合った材料を探してきたような読後感が否めなかった。

そんなことでは絶対にいけない、と言いたいのではない。とはいえ元日くらいは、胸のすくようなスクープか、でなければ深く、じっくり考えさせられるような濃い読み物を、昔からの新聞読者はどうしても期待してしまうのだ。

社説はどうか。

朝日「空爆と警報の街から　戦争を止める英知いまこそ」、読売「平和な世界構築の先頭に立て　防衛、外交、道義の力を高めよう」、毎日「危機下の民主主義　再生へ市民の力集めたい」、日経「分断を超える一歩を踏み出そう」、産経「『国民を守る日本』へ進もう」、東京「我らに『視点』を与えよ」……。

多くはウクライナの話題を中心に、ロシアや中国のような権威主義国家との対比で民主主義を論じているのだが、どこか歯切れが悪い点で共通していた。日本や米国の社会が、敵視する相手のそれに、どんどん近づいていっている現実が、書き手の筆を鈍らせているものか。

憲法改正や格差社会の問題がメインテーマだった頃とは、だいぶ違う。それだけ世の中の複雑さが増している。平和や民主主義の危機的状況が加速度的に進行していく中で、単純な善悪二元論に陥るよりは、多様な論点が提供されたことを歓迎するべきなのか。

三が日が明け、五日付の沖縄タイムス朝刊に、興味深い記事が載っていた。米国の調査会社ユーラシア・グループの報告書によると、二〇二三年の世界において、中国の習近平国家主席の存在はロシアに次ぐ重大なリスクだが、いわゆる台湾有事は現実性の乏しい「リスクもどき」でしかないという。

一方、〝ジャパン・ハンドラー〟の総本山といわれる米シンクタンク「戦略国際問題研究所」（ＣＳＩＳ）は、二〇二六年に中国が台湾に侵攻するとの設定で軍事シミュレーションを行い、開戦後に支援するウクライナ・モデルは通用しない、米軍の迅速な介入が不可欠で、日本の役割が要だと指摘。一〇日付の「産経」が大きく伝えた。

情報というものは、立場次第でどうにでもなるものらしい。

二〇二三年二月六日

『週刊朝日』休刊に思う

『週刊朝日』が、五月末の発売号を最後に休刊する。一九二二（大正一一）年に創刊され、昨年二月に一〇〇周年を迎えたばかりの、日本最古のウイークリー・マガジンが、ついに。一月一九日付朝日新聞の社告で公表された。

一九五〇年代に一〇〇万部超に達していた同誌の部数は、今や七万部にまで減っていた。版元の朝日新聞出版は今後、ウェブの「ＡＥＲＡ　ｄｏｔ．」に注力するという。

いろいろなできごとがあった。故・松本清張のデビュー作「西郷札」は五一年の懸賞小説の入選作。九三年には民族派右翼の野村秋介が、イラストレーター・山藤章二の連載「ブラック・アングル」をめぐり、朝日新聞社の社長室で短銃自殺した。橋下徹・大阪市長（当時）の出自を暴露し、社長が引責辞任したのは二〇一二年である。

コラムやエッセイ、対談に定評があった。二五年にわたった司馬遼太郎「街道をゆく」、および現在に至るも彼の名をタイトルに冠し続ける連載企画が右代表だ。

筆者にとっては、八〇年代初期における田原総一朗の連載ルポ「電通」や、篠山紀信による女子大生表紙シリーズが忘れがたい。後者でアイドルになった女優・宮崎美子の成功は語り草だ。手許《てもと》にある七〇年七月二五日付臨時増刊号「長崎医大原子爆弾救護報告」や六五年六月一八日号の特集「日本の兵器廠《へいきしょう》」、同年七月一六日号の「ベトナム特需の皮算用〝死の商人〟への危険な道」等々のコピーは、筆者が物書きをやめない限り、手放したくない貴重な資料である。

お堅い新聞社系の週刊誌だから、芸能人のスキャンダルやヌード写真は扱わない。その分、丁寧な取材で紡がれたルポルタージュが光った時代もある。往時に比べると、なるほど近年は、病気や健康の話題ばかりが目立つ。読者層の高齢化は、そのまま紙面の衰退に直結したということか。

本稿執筆時の最近号も、一番の売りは「人生後半戦　ちょい不良《ワル》でいこう」。失礼ながら、あまり魅力的とは言い難い。

新聞社系では『週刊読売』や『週刊サンケイ』が、とうの昔に消えている。『サンデー毎日』も風前の灯火《ともしび》と囁《ささや》かれて久しい。また出版社系は、『文春』『新潮』を除くと、『ポスト』『現代』も、『朝日』同様に、ほとんど健康雑誌の様相を否めなくなった。

――いろいろ書いたが、今回の休刊は、とどのつまりやはりネット万能社会に抗《あらが》いきれなかったことに尽きる。奔流のさらなる巨大化が避けられない以上、ドミノ倒しは必定だ。このままでは報道や言論の領域までが、デジタル監視社会に呑《の》み込まれてしまう。民主主義が民主主義であるための基盤が失われていく。

かくなる上は、残る四カ月間、『週刊朝日』編集部に、思い切り、やりたい放題をやってもらいたい。監視だの管理だのはクソくらえ、とばかりのハチャメチャが、未来における私たちの魂に、まだしも自由の余地を残してくれはしないものか。

二〇二三年三月六日

五輪・W杯報道にも政治の視点を

東京五輪・パラリンピックの運営に関わる談合事件で、東京地検特捜部は、広告大手の電通、博報堂など六社を独占禁止法違反で起訴する。「朝日」「読売」の両紙が二月二五日付朝刊で報じた。

この事件では、すでに元大会組織委員会大会運営局次長や、元電通スポーツ局局長補ら四人が逮捕されている。元電通専務で組織委の理事だった高橋治之容疑者らによる汚職事件も記憶に生々しい。

五輪とは政財官の構成員らが私腹を肥やすための仕組みでしかなかった証左か。安倍晋三元首相が存命なら一切の摘発はなかったろうと考えると、反吐《へど》が出そうだ。

日本だけの腐乱ではない。不都合な現実がスポーツの感動や熱狂で覆い隠されていく「スポーツ・ウォッシング」の構造は、今や世界的な大問題になっている。

昨年末のサッカーW杯も同様だった。私たちの脳裏には高揚ばかりが焼き付いている。マスメディアが安保三文書をはじめ、重要事態のことごとくを脇に追いやり煽りまくった結果だが、今回のカタールW杯は、そんなことでは絶対にいけなかった、はずなのだ。

何も報じられなかったわけではない。こんな具合だった。

〈まずは招致レースでの不正疑惑だ。国際サッカー連盟（ＦＩＦＡ）の調査で「買収」と認定する明確な証拠はなかったが、報告書には投票権を持つＦＩＦＡ理事への豪華接待、天然ガスの輸出といったビジネス面の便宜供与などが指摘された。／理事がいる国の代表チームの親善試合を巡る高額で不透明な手数料や、サッカー普及・振興を名目にした資金援助なども賄賂

の抜け穴になった可能性があると言及された。〉（「朝日」一一月二〇日付朝刊）

〈外国人労働者を巡っては、英紙ガーディアンが昨年2月、W杯の決定以降に６５００人以上が死亡し、37人がスタジアム建設に関わっていたなどと報じた。〉（「読売」一一月二日付朝刊）

カタールでは性的少数者への差別も根強い。それゆえか、たとえば試合中継を「全く見ない」と答えた人が五六パーセントにも達したというドイツの世論調査を引き、競技以外の問題に関心の薄い日本と対比してみせたのは東京新聞（一一月二五日付朝刊）だ。

とはいえ、W杯報道全体におけるこの種のテーマ設定は、圧倒的に少なかった。難しい問題ではある。スポーツの世界に政治の色合いも濃い価値観の対立がどこまで持ち込まれてよいものなのか、記者たちは悩みぬいたのではないか。

だがもはや、スポーツに純粋さを求める方に無理がある時代になってしまった感がある。W杯は市場拡大の一途を辿っている。中東の小国カタールが開催国になれたのも、オイルマネーのパワーにほかならなかったという。

五輪もまたしかり、である。運動部の記者たちには、政治・経済、外報記者の素養も望みたい。

第五章　物書きの一人として

二〇二一年八月

蘇る戦場の鬼気　戦中派サスペンスをいま読む
――西東登著『蟻の木の下で』／山田風太郎著『太陽黒点』

最近、自分の物書きとしてのキャパシティが疑わしく思えてきた。現代の奔流を把握して、読み解き、言語化するには、資質の以前に、耐性と、世界観のバックグラウンドとなる経験が、乏し過ぎるように感じてしまう。

奔流とはファシズムである。この国では今、私たちの生命も尊厳も何もかもが、ごく当たり前に、米国と米国に隷従する政府、および必ずしも国境とは関係のない巨大グローバル資本のインサイダーに捧げられていく社会システムが、ほぼ完成の域に達しようとしているのではないか。

緊急事態宣言だの、蔓延《まんえん》防止ナンタラだのといった理不尽かつ恣意《しい》的・差別的な私権制限に、それでも誰もが黙々と従う日々。艱難辛苦《かんなんしんく》の営みは、コロナ収束の祈りを纏《まと》いつつ、しかしその実、東京五輪開催の条件整備でしかありはしない。いざ強行の〝暁〟には、世界中から結集した変異株が練り合わされて蕃殖《はんしょく》する東京変異株の感染大爆発、さらには地球規模での連鎖拡大再生産へ――。

以上のストーリーの前段は現状そのものだ。後段を杞憂《きゆう》に終わらせるには神風が不可欠になる道理。奇跡など九九・九パーセントあり得ぬ以上、またぞろ統計偽装や公文書改竄《かいざん》プラス、五輪商人に成り下がった元報道機関各社も加担して、何事も起こらなかったことにされるのか。七五年前までは戦争に奉じられていた日常のすべてが、現在では東京五輪へと回収されている。「新しい生活様式」なる官製スローガンの下に。

戦争への安易な喩《たと》えは慎むべきであり、実際、とりあえずはスケールも違うけれど、ここまで同一の構造が築かれた事例は過去にない。「東京五輪」が「戦争」に置き換えられたらそれまでだ。そのような時代を、たまらない嫌悪感に塗《まみ》れながらでも生き抜き、抗《あらが》い続けていくために、私は己の能力不足を少しでも補う努力を払う必要があるのだが。

具体的な方法がなかなか見つからない。ただし、それなりに有意義だと思われ、かつ楽しくもある試みをひとつ、見つけた。

戦中派の作家による戦争への、否、というより戦争を推進した人間ないし組織への憎悪に貫かれたミステリ小説を読むことだ。ありそうで多くないといわれる作品群の中から、本稿では二冊を紹介したい。西東登《さいとうのぼる》（一九一七〜八〇）の『蟻《あり》の木の下で』（講談社、一九七六年）と、山田風太郎（一九二二〜二〇〇一）の『太陽黒点』（KADOKAWA、二〇一〇年）である。

発表年は前者が一九六四年で、後者が六三年。朝鮮特需以来の復興過程が、いよいよ本格的な高度成長段階に突入した時代だ。東海道新幹線の開通も、前回の東京五輪もまだだったが、

「もはや戦後ではない」と言い放った『経済白書』一九五六年度版は、すでに遠くなっていた。そんな世情にあって、第一〇回江戸川乱歩賞に輝いたのが、『蟻の木の下で』だった。当時のミステリ界では最高の栄誉だったが、『小説現代』に載った選評を読むと、評価は案外、微妙だったことがわかる。

〈実をいえば、積極的にこの一篇を推さなければならぬ理由を発見するのに苦労した〉（荒正人）

〈（病気で）候補作四篇を読む気力がなかったので、（雄谷鶏一氏の）「夜の審判」と「蟻の木の下で」だけを読んだ。仮り《ママ》に点をつければ、前者は七十点、後者は六十点である〉（江戸川乱歩）

〈残る二作品のうち「夜の審判」の方が、「蟻の木の下で」よりは、私には読み易く、おもしろく、従って私は前者を推した〉（大下宇陀児《うだる》）

総じて低調だった応募作の中では相対的にマシだから、というニュアンスが見て取れる。過去の戦争に拘《こだわ》り過ぎるのは格好悪い、とでも言いたげな、この時代の多数派にありがちだった空気も投影されていたかもしれない。

荒削りだとは思う。次代のエースを発掘せんとする賞の性格もあったろう。だが私は、新たなファシズムが定着しつつある現代の日本で本作に触れたゆえ、熱烈にこの一篇を推す。こんな物語なのである。

——東京都内の動物園で、野々村という中年男性の死体が発見された。無惨な裂傷があり、ヒグマの檻《おり》の前でもあったので、警察は当初、その主にやられたのだろうと推定する。が、これは事故などではなかった。

次に、あるカメラメーカーの若手社員が、出張先の東南アジアで不慮の死を遂げた。彼の取引先で、野々村の戦友でもあった工場主の池見は、通夜の席上、終戦直後のタイ奥地における俘虜《ふりよ》生活を語った。

それは恐ろしい記憶だった。もう一人の戦友・矢ノ浦が、祖国に残した妻子の写真を元上官の淵上軍曹に強奪されてしまう。その時錯乱状態にあった淵上の目には、確かに美しい女性が映っていたに違いない……。

地の文を排して、主な会話だけを示しておく。引用のルールに反するとは百も承知だが、この際、圧倒的な迫力の一端でも読者に伝えたい一心だ。

「無茶です。班長殿、返して下さい。それだけは人に渡すわけにはいかんのであります」

「いいか、矢ノ浦！　手前にゃこの女は良過ぎる。この女はおれが貰う」

「そんな、バカなことがあるもんか！　写真を返すんだ、淵上軍曹！」

「矢ノ浦止せ、止さんか！」

「冗、冗談だよ、しゃ、写真は返すよ」

……

「この野郎！　ブッ殺してやる」

「ア、ア、ア、……」

一人の男が、無数の人食い蟻の棲む木の下に沈んでいった。それは誰だったのか？

場面が現代に戻った後も殺人は続いた。惨劇の幕は真犯人による告白の手紙と、その妻だった女の遺書によって下される。

私は真犯人に心の底から共感した。もしも同じ立場に追い込まれたら、必ず同じ行動をとるだろう。悲しすぎる結果しか招かれないとわかりきっていたとしても、だ。

西東登（本名・斉藤五郎）は、東京・下谷の生まれとされている。麻布中学、熊本県立済々《せいせい》黌《こう》などを経て北京大学経済学部研究科を修了し、満州や中国で運輸会社や汽船会社に勤めたという。

文壇デビューは一九四三年。『オール讀物』に寄せた動物小説「牙と威厳」だったが、この年に応召して中国や南方各地を転戦したらしい（日本推理作家協会編『江戸川乱歩賞全集⑤』〈講談社文庫、一九九九年〉における新保博久の解説など）。

西東は乱歩賞の選評で、元大蔵事務次官で文芸評論家だった長沼弘毅から、本作は「現地を知らない人間には書けない」とのコメントを得た。だが私の知る限り、西東が自らの来歴を詳しく述べた記録は見当たらないので、彼が実際に「グンタイアリ」のような人食い蟻が生息する地域に従軍していたのかどうかは定かでない。

いずれにしても、前途洋々だったはずの作家人生が、振り返ってみれば一時的にせよ絶たれ、死地に赴かざるを得なかったことは確かだろう。復員後、『蟻の木の下で』に辿《たど》り着くまでに、彼は映画雑誌『キネマ旬報』の記者を務めたり、PR映画の製作などを手掛けたりしていた。「謎の作家」ではある。

やりきれない怨念

一方の『太陽黒点』は、保守政界の大物を父に持つ大学教授邸の、一〇〇〇平米ほどもある芝庭で催された、彼の義妹のバースデー・パーティーから始まっている。折しも子ども用の鉄棒の据え付け工事にやって来ていた三人の男たちも招き入れられ、ビールとバーベキューに舌鼓を打った。そして、アルバイトの苦学生・鏑木《かぶらぎ》明の運命が変わった。

明はここで出会った財閥令嬢の多賀恵美子に魅《ひ》かれていく。己の才気に自信はあっても、このままでは平凡な会社員以上にはなれっこない定めから脱出したい。逆玉に乗ることができれば、特権階級に這い上がることだって、夢ではないかもしれないのだ。

哀れなのは明の恋人だった容子である。変わってしまった明の前から姿を消した彼女の前に、ある売春婦と、一人の純情な少年が現れて……。

ミステリ小説なのはわかっているし、叙述もサスペンスフルなのに、いつまでも殺人事件が発生しない。若い男女が織り成す青春小説の趣でありながら、「死刑執行・一年前」の章から

「一日前」「当日」の章まで、一気にクライマックスへと突き進んでいく展開がスリリング。殺人はついに終盤間際で実行され、「真犯人」の独白があり、「死刑」が執行される。後味はきわめて苦い。絶対に許されない凶悪犯罪だ。にもかかわらず、どこか心の奥底で犯人を許したくなっている自分に気づき、困惑した。

『蟻の木の下で』の荒さとは対照的に、実に端正な、練り上げられた文体だが、殺人に使われた仕掛けは、凄《すさ》まじく大胆だ。ミステリ研究家の日下三蔵は、本書の角川文庫版「編者解題」で、「その論理は常識をも超えている。だが、それでいながら、なお論理的なのである」と述べている。

件《くだん》のバースデー・パーティーの席上で、この家の主人である教授は、若者たちの屈託のなさや立派な体格を讃《たた》えた。食べ物や生活が洋風になったからかなと不思議がる教授に、作業員の一人が飛ばした冗談が印象的だ。

「何か、太陽黒点の影響じゃないですか。つまり、太陽族ですな」

本作の表題にもなった「太陽黒点」とは、平均一一・一年の周期で太陽の表面に観測される、暗い斑点のことである。地球の磁場と相関があるとされ、地震や景気循環との関連を主張する識者も少なくない。

そこに「太陽族」が絡められた。いうまでもなく、石原慎太郎の『太陽の季節』（新潮社、一九五六年）が第三四回芥川賞を受賞し、一九五六年に映画化されて広まった、親のカネと地位に飽かして暴走するブルジョア子弟を指す流行語だ。同じ「既成の秩序に囚《とら》われない」「無軌道な」などの形容を与えられてはいても、一世代前の「アプレゲール」とまるで異なるのは、幼少期であれ戦争を体験した人間にはあるのが普通の陰翳《いんえい》が掻《か》き消された、一種異様な能天気だと、私は認識している。作者であると同時に、この「族」の右代表でもあった石原の後半生を想起されたい。

前出の日下が同じ「編者解題」で引いた風太郎のエッセイには、太陽族への「やりきれない怨念」を抱く真犯人が暗躍する『太陽黒点』は、次々に戦死していった同世代の友人たちへの鎮魂歌であったとする心情が吐露されている。そういえば、『蟻の木の下で』初版本の「著者のことば」でも、西東登は例の政府発「もはや戦後ではない」宣言に対する、強烈な違和感を述べていたという。二つの作品が同じ時代に書かれたのは必然だった。

山田風太郎（本名・誠也）は、兵庫県北部の医家に生まれている。終戦時を東京医学専門学校（現在の東京医科大学）の学生として迎えたのは、徴兵検査で「丙種」合格の烙印《らくいん》を押され、兵役を免れていたためである。

没後もなお鬼才の誉れ高い大・大衆娯楽作家だ。代表的な「忍法帖シリーズ」をはじめ、伝奇モノも時代モノも官能モノも怪談モノも少年少女モノも何でも書いたが、文壇デビューは一九四七年、雑誌『宝石』の新人募集に応じた探偵小説「達磨峠の事件」で果たしている。その後もかなりの期間、この分野を中心に活動した。

同じ時期には「魔島」「戦艦陸奥」など、戦争そのものをテーマにした小説も多く書かれている。彼のミステリに生々しい戦争の記憶が色濃く反映されていたのは自然の成り行きで、『太陽黒点』は、いわばその極北に位置する作品でもあったのだ。

逮捕状は続々と発せられるであろう。それにあたるべき人々は、みな自決してもらいたい。（傍点引用者）

風太郎が一九四五年九月一二日に書いた日記である。GHQが東条英機ら三九人の戦犯容疑者に逮捕指令を発し、拳銃自殺を図った東条が、ものの見事に失敗した翌日だ。後に七一年、『戦中派不戦日記』と題されて発表されたドキュメントを、『太陽黒点』を含む風太郎の戦争小説は「敗戦小説」だと捉えた茨城大学教授の谷口基（現代日本文学）は、こう要略している。

終戦の勅書が放送され、米艦ミズーリ号上にて降伏調印がなされたいま、彼は戦争責任者たる軍人、政治家、文化人らに、その最後の務めとして、戦争を支え続けたヒロイックな国防精神に殉ぜよと要求しているのだ。〈転向〉の醜態を晒《さら》すことなく、この一大悲劇を完遂して見せよ、と。〈戦中〉という思想の体現者たちすべての、沈黙のうちの死。このフィナーレののちにこそ、すべての戦争加担者と戦争犠牲者の得心がいく〈敗戦〉が訪れてしかるべきものだから（谷口『戦後変格派・山田風太郎――敗戦・科学・神・幽霊』青弓社、二〇一三年）。

戦場経験のない風太郎は、戦死者たちへの贖罪《しょくざい》意識やコンプレックスに苛《さいな》まれ続けた。それだけに観念的で、屈折してもいるのだが、『太陽黒点』を読んでいて、戦後生まれの人間がどれほど努めようと、絶対に立ち入れない領域があるのだなと思い知らされた瞬間があった。というのは、私は本作の中盤で、誰が「真犯人」であるのかを直感した。だがしかし、きっと最後の最後で、さらにその先の黒幕が正体を現わすに違いないとも踏んでいた。

「戦争」と「太陽族」なのだから、むしろそのオチのほうが〝現実的〟だとも考えたが、風太郎の「真犯人」は、どこまでも真犯人だった。そうでなければならなかった。

そうでなくしてしまったら、真犯人が忍びなかったのだと思う。具体的には書けないし、書きたくない。半端な物言いで恐縮だが、ミステリ論には禁物の「ネタバレ」にもなってしまうので、容赦されたい。気になってくれた読者には、ぜひ本作の実物を手に取り、ご自身で考えてみていただきたいと思う。

新型コロナ禍における東京五輪は、それ自体が「戦争」であり、リアルな戦争の予行演習にもされていると、私は受け止めている。この国に民主主義はもうない。最初は仕事の合間に手に取ったに過ぎない昔のミステリ小説に、こうまで激しく魂を揺さぶられた、おそらくは所以《ゆえん》だ。「戦争」としての東京五輪に、万が一にも愛する人を奪われた場合、相応の復讐《ふくしゅう》はしなければならないと、私は誓っている。二つの作品を、その指南書としても私は読んだ。

（文中敬称略）

大幅減益、リストラに揺れる産経新聞の研究

二〇一九年二月一日

産業経済新聞社（産経新聞社）の飯塚浩彦社長（六二）が、大規模な希望退職者の募集を公表したのは、二〇一九年の正月明け早々、一月四日の社員大会でのことである。当初は二〇一八年末時点で五一歳以上五九歳未満だった正社員と専門正社員（勤務地や仕事内容を限定）、および閉鎖対象の福山支局（広島県）、駐在化が予定された札幌、福島、福井、広島などを含む全国一七総支局に勤務する専門正社員ら合計一八〇人が対象だった。当時の社員数約二二五〇人前後に照らせば八パーセント強に当たっていた。

新卒採用は二人

募集に応じて早期退職した腕利きのベテラン記者に会った。仮にAとしよう。どんな経緯だったのかを聞く。

「辞める気なんかありませんでしたよ。でも、対象者は全員、担当局長と面談する決まりだとかで。最初は退職金の割り増しとか、再就職を支援するから云々《うんぬん》と聞かされただけだったん

ですが……」

二度目の面談で尋ねられた。

――考えてきましたか？

「会社に残りたいと思います」

――何も考えていないじゃないか！

辞めないならと、畑違いの部署への異動を仄《ほの》めかされた。後には実際にそう処遇された同僚がいたこともわかる。Ａは迷った。

三度目の面談では、それまでの仕事のことが話題になった。が、局長は、

――実績は関係ない。

と断言した。希望退職とは名ばかり、どのみち辞めさせるつもりの、限りなく指名解雇に近い茶番。それやこれや、最終的に「産経」を去ったＡが、唇を噛《か》んで振り返る。

「愛社精神というのではなく、プライドだけでやってきた三十数年間でした。育ててくれた会社には感謝していますし、現役の人たちは頑張ってほしいとも思いますが、今はまだ複雑な気持ちです。責任を取らなきゃならないのは、上の人間じゃないかって」

切なく、苦しい人々が山ほどいる。残留を訴えて「ハァ？」と冷笑を返された人。摑《つか》み合いのケンカになった人。首を切る側だったのが、結果を出せずに自分が辞めさせられた人。退職後の〝支援〟を当てにしていたら、パソナやリクルートの再就職セミナーへの出席だけで済ま

された人……。それでも結局、希望退職者は計画を一割以上も上回る二〇〇人を数えた。

産経新聞社の経営はどん底に陥っている。二〇一九年三月期の決算短信（連結）によると、売上高が一一一〇億六六〇〇万円で前年度比六・八パーセントの減収。一三四〇億円前後をキープしていた一四年度までの数年間と比べて下落幅が大きい。営業利益も五億六〇〇万円で同二二・一パーセント減、経常利益となると三億五九〇〇万円、同五〇・二パーセントもの減少となった。

連結対象は、日本工業新聞社など二三の子会社と、持分法適用の関連七社の計三一社だ。ゲーム・エンタメサイト等は好調というものの、主力の新聞事業の販売、広告収入の不振に歯止めがかからない。本業の不振そのものは今に始まったことでもないが、同じフジサンケイグループのフジテレビジョンも近年は低迷していて、以前のようには手厚い支援をしてくれにくくなっている。

追い込まれた末の大リストラだった。六月の株主総会では、一二人いた取締役を六人に減らした。だが、「産経」は九月、一〇〇人規模の第二次希望退職者を追加募集。部長職以上の管理職に対する先行実施という形になったが、応募者数が目標に達せず、会社側は一〇月末、さらなる新規募集（四五歳以上五二歳未満）を行いたいと労組側に提案している。元中堅幹部は語った。

「経営が杜撰《ずさん》すぎるんです。今春の新卒採用がわずか二人だったことが話題になりましたが、二〇一七年は五四人、二〇一八年は四〇人も採っていた。それ以前の数年間の倍もあり、七〇人規模だった朝日新聞社や読売新聞社に迫るほどで、毎日新聞社よりも多かった。この間も業績は下がる一方だったというのに、何もかもが行き当たりばったりだ」

飛び交う身売り説

安倍晋三政権が〝アベノミクス〟の〝成功〟を自画自賛し、人手不足ばかりが伝えられる中で、実は多くの企業が希望退職者を募っている。スキャンダルにまみれた東芝、日産自動車はまだしも、〝日の丸液晶〟ことジャパンディスプレイや富士通、パイオニア、アステラス製薬、損保ジャパン日本興亜、コカ・コーラボトラーズジャパンホールディングスなども、今年、数百〜数千人規模で実施した。ネットに押されて久しい新聞業界でも毎日新聞社が最近、やはり全社員の一割もの募集をかけたと報じられて騒がれた。

だから「産経」のそれが珍しいわけではない。ただ、同紙が進めてきた〝保守〟的な、いわゆる「正論」路線は今日、日本社会を席巻《せっけん》した感がある。朝鮮人徴用工問題に端を発し、今やテレビの情報番組を覆い尽くしている韓国バッシングに至っては、彼らの唱道する「歴史戦」が、大衆に浸透しつつある証左ではないのか。

なのに、なぜ——。

ほかならぬ「産経」の経済記者は苦笑した。〝分析〟というほどの解説でもないのだが。

「ネットの情報は無料が当たり前になっているのが実態。そこでは馴染みやすいウチの主張は、しかし新聞という肝心の商品の購読には直結しません。極端すぎる論調は大手スポンサーにも敬遠されがちです」

「産経」の媒体にファナティックな経営者や、教祖が率いる中堅企業、新興宗教団体の広告が目立つのもそのためか。保守論壇誌とされる月刊『正論』が、一六年一一月発売の別冊で「霊性・霊界」特集を組んだのは異様でも、後者との関係ゆえだったとすれば納得できる。

しかも、近年はあまりに無駄な投資や不祥事が相次いでいた。

パワハラ、セクハラの類《たぐい》は枚挙に暇《いとま》がない。幹部の自殺や未遂事件。鳴り物入りで創刊されたタブロイド判日刊紙SANKEI　EXPRESSや郵便局で販売する『K・i・t・e！』、「道の駅」の『m・i・c・h・i・n・o』といった新媒体、新興IT企業と組み、各地の神社やコンビニを舞台としたデジタル・サイネージ（電子看板）など新規事業の度重なる大失敗。販売局員の横領事件もあった。

かつて〝明日に燃えるオレンジ色のニクい奴〟をキャッチフレーズに、伝説的なプロ野球記者・近藤唯之ら幾多のスター・ライターが輩出した夕刊フジが、人員を三分の一に減らしたのは一一年。同紙には休刊の噂《うわさ》も根強い。安く買い叩けそうだと思われやすいせいか、「産経」にはしばしば身売り説が飛び交う。一三年に牛丼チェーン「すき家」のゼンショー、一八年にはトレーニングジム運営のRIZAPが取り沙汰された。

なにしろロクなことがない。社員のモチベーション低下は必然だ。労組による一四年度のアンケート調査では、多くの社員が会社の経営状況や将来性に疑問、不安を抱えている実態が露《あら》わになった。

東京本社が入居している大手町の株式会社サンケイビルとの資本関係は断ち切られており、不動産事業の利益に支えられている「朝日」や「毎日」のようにはいかない。サンケイビルは今や三菱商事出身の飯島一暢社長の下、準大手デベロッパーに成長しているというのに、「産経」は何の恩恵にも与《あずか》れず、それどころかテナントでもいられなくなる可能性さえ囁《ささや》かれる始末だ。

フェイクニュース

もっとも新聞社というものは、たった一本のスクープが出れば、にわかに活気づくものでもある。ところが「産経」の紙面は近年、むしろ劣化の一途を辿っている。

たとえば一七年一二月九日にネットサイト「産経ニュース」に配信され、同月一二日付朝刊紙面にも掲載された〈危険顧みず日本人救出し意識不明の米海兵隊員　元米軍属判決の陰で勇敢な行動スルー〉なる記事だ。それによれば、同月一日に沖縄市内で車六台による多重事故が発生。死者はなかったが、四四歳（当時）の米海兵隊曹長が重体である。そこまでは地元メディアも報じたが、実は彼が後続車にはねられたのは横転した車両から五〇代の日本人男性を救出していたためであり、なのに反米軍一色に染まった彼らは、この「真実」に触れようともしない、とした。琉球新報と沖縄タイムスの新聞名を挙げながら、〈「報道しない自由」を盾にこれからも無視を続けるようなら、メディア、報道機関を名乗る資格はない。日本人として恥だ〉と、高木桂一那覇支局長（当時）の名で断罪していた。

　この記事は、だが、完全な嘘報だった。「産経」は名指しした二紙の指摘を受けて再取材を余儀なくされ、曹長による救出の事実はなかったことが明らかになる。支局長は曹長の妻のフェイスブックや米国のテレビ報道はチェックしたというが、沖縄県警には取材していなかった。救出されたと書かれた男性も弁護士を通じて、ドアを開けてくれたのは別の人だと証言。「産経」は誤報を認め、沖縄二紙と読者にお詫びして記事を削除し、高木と乾正人執行役員東京編集局長（当時）、ほかに編集局幹部ら五人を社内処分する羽目になった。沖縄メディアへの攻撃批判が、そのまま自らに返ってきてしまったという顚末《てんまつ》である。もはや「保守」ならぬ〝ネトウヨ新聞〟ではないかと陰口を叩かれることも少なくない「産経」の、いかにもなフェイクニュースだった。

　遡れば、一一年七月七日付の号外（電子版）と、大阪本社版夕刊が伝えた〈江沢民前主席死去　日中関係筋〉の大誤報も、記憶に生々しい。江氏にはかねて健康不安説があり、香港のテレビが先走ったりもしていたものの、総じて冷静だった日本のメディアにあって、「産経」の前のめりぶりは際立った。誤報ゆえに他社の後追いもないまま時が過ぎたのち、同年一〇月、江氏が北京で開かれた辛亥革命一〇〇周年記念大会に出席したのが確認されて、「産経」は紙面で謝罪し、熊坂隆光社長と斎藤勉専務（編集担当）、飯塚浩彦取締役東京編集局長らを減俸処分とした。

　肩書はいずれも当時のものだ。処分を受けた三人はその後も順調に出世した。斎藤は大阪代表副社長を経て論説顧問、熊坂と飯塚は一七年六月、それぞれ会長、社長に就任している（熊坂は一九年六月から相談役）。

「飯塚さんは無責任だよなあ、というのが、編集幹部時代のあの人を知る社員の大半が持っている感覚です。江沢民の他にも京都大学不正入試事件の容疑者を間違えたり、ｉＰＳ細胞の臨床研究について『読売』の誤報を後追いしてみたり。横浜駅前でケンカになった記者がナイフを取り出して逮捕されたなんてこともあったのに、彼は責任を取らされることもなく、上り詰めていった。明仁天皇（当時）の名前まで誤記した紙面を発行してしまったのは二一年です」

ある経済記者はそう言って、「ただね」と続けた。

「江沢民の場合は、躊躇《ちゅうちょ》する現場に、〝死去〟は本当だとして書かせたのは、当時の住《すみ》田《だ》良《なが》能《よし》相談役（故人）と、清原武彦会長（現、特別顧問）だったと囁かれているんです。でも、この二人は責任など取っていない。どういうネタ元だったんだか」

まだまだ。「産経」の、とりわけネットニュースには、フェイクといわれても仕方のないような記事がしばしば現れる。他紙誌からの記事盗用とか、酷似していたので謝罪したといった話も集めたが、本稿では自重しよう。

「産経」の経営や編集の動きを追っていくと、同社が決して特殊な存在ではない現実がよくわかる。新聞社は業界挙げて政治権力にすり寄り、読者には消費税増税の〝必要性〟を宣伝する一方で、自らには飲食料品と同様の「軽減税率」を適用してくれるようオネダリした挙げ句、はたして特別扱いをゲットした。「朝日」、「読売」、「毎日」、「日経」の大手全国紙四社はＪＯ

C（日本オリンピック委員会）との間で二〇年東京五輪の「オフィシャル・パートナー」契約を結び、報道機関であることを放棄して、オリンピック・ビジネスの当事者になっている。「産経」は北海道新聞とともにワンランク下の「オフィシャル・サポーター」契約だから、まだしも罪が軽いとさえ言いたくなってしまう。ほとんどすべてのマスメディアがスポンサーに阿《おもね》り、諂《へつら》い、カネのためなら魂も売り飛ばしかねない体たらくだ。

日本のジャーナリズム全体が、凄まじい勢いで劣化し、退廃している。「産経」はそのわかりやすい一例でしかないのだということを、読者にはぜひ理解しておいてもらいたい。筆者も自戒を込めて、この先を書いていく。

高額景品と押し紙

さる三月一九日、大阪府消費生活センターが、産経新聞社と大阪府内にある二つの系列販売店に、景品表示法に違反した行為の再発防止と、消費者への周知徹底を求める措置命令を出した。それら販売店が拡販に使った電動アシスト自転車やロボット掃除機、液晶テレビなどの景品が高額で、同法に基づく制限規定（6・8ルール）を著しく逸脱していたのである。

「産経」のある販売店主は語った。

「昔はどこもやっていたことですが、大阪の『産経』は今でもひとケタ違うんです。もう二〇年も前のことですが、普通ではあり得ない長期契約とのセットで、大阪の部数が『朝日』に迫った時期もあったほど。本社販売局の主導なのはいうまでもありません」

措置命令は突然に発せられたのではなかった。摘発された販売店の一つが顧客（Bとする）の新聞代金未払い分を請求した裁判がまず存在し、そこからたぐりよせられた結果だとみられる。というのは、Bと一〇年間の新聞購読契約を結んでいた販売店は、途中から代金を受け取れなくなった。Bが転居しても販売店は追跡して配達を続け、Bが事故に遭い後遺症が残り、帰郷した後も、居所を突き止めて提訴に及んでいた。

この事件の詳細はすでにジャーナリストの黒藪哲哉（六一）が公にしている（「MyNewsJapan」四月二九日配信）。彼によれば、

「一審大阪簡裁は販売店側が勝訴しました。でも彼らは、控訴審で裁判を取り下げたのです。Bさん側の、新聞販売に関わる問題のエキスパートである弁護士が、6・8ルールだけでなく、新聞業界がやはり公正な取引を図って定めた長期契約の禁止規定にも事実上抵触するような、民法九〇条の言う公序良俗違反の契約などそもそも無効だという主張を本格的に展開し始めたためだと思われます」

新聞販売と「公序良俗」のテーマが追及されれば、否応なく「押し紙」の問題に行き当たる。業界とは無縁の読者が相手だけに、新聞の恥部が注目され、白日の下に晒される悪夢を恐れたものか。

「押し紙」とは、読んで字の如く、〝新聞の押し売り〟のことをいう。新聞社が販売店に必要

以上の部数を買い取らせる。部数を水増しすることで、新聞社は広告料金を、販売店はスーパーのチラシや自治体広報などの折り込み代を、それだけ高く設定できる理屈だ。各紙とも公表された発行部数の三～四割は「押し紙」ではないか、というのが定説である。

一種の詐欺的商法といって過言でない。日本独自と言われる宅配制度の下で新聞は、そうやって血税をも無駄に費消させながら、繁栄を貪ってきた。

「だけど、もう駄目だ。ただでさえ新聞が売れなくなっているのに、押し紙のせいで、どの販売店も大赤字を抱えるようになった。後継者難や人手不足も深刻だから、みんなどんどん廃業していく。もはや共存共栄なんかじゃない、力関係で圧倒的優位にある新聞社が、劣位の販売店に押し付けてくるわけだから、あからさまな独占禁止法違反ですよ」

別の販売店主が言った。かくて二〇〇〇年代半ば以降、各地の販売店による「押し紙」訴訟が増えてきている。腰が重かった公正取引委員会も、一六年三月には違法行為の未然防止という観点から、朝日新聞社を口頭で注意した。彼らの動きや判例の積み重ね次第では、宅配制度そのものが一気に瓦解しかねない可能性なしとしない。

近年の新聞が本気では権力に歯向かわず、それどころかすり寄りまくって恥じない、おそらくはこれが最大の理由ではないのか。先に触れた消費税の軽減税率適用は、新聞と権力の持ちつ持たれつの構造を壊さず、かえって拡充・深化させていくためのスキームだ。

産経新聞社もまた現在、少なくとも三件の訴訟案件を抱えている。

「産経残酷物語」

産経新聞社の歴史は一九二二（大正一一）年、大阪府西成郡天下茶屋で創刊された旬刊・南大阪新聞に始まった。創立者は小学校卒で地域屈指の新聞販売店を営んでいた前田久吉（一八九三～一九八六年）。彼は三三（昭和八）年に日本工業新聞も創刊し、これが大戦中の戦時新聞統合令で愛知県以西の産業経済関連三二紙と合同されて、現在の産経新聞社となるのである。

「産経」は戦後一〇年の五五年には東京進出も果たした。ところが資金力がついていかない。たちまち経営が傾いて、財界の支援を受けることになった。

五八年に送り込まれてきた新社長は経済同友会幹事の水野成夫《しげお》（一八九九～一九七二年）だ。もともと「赤旗」の初代編集長まで務めた共産党員だったが、獄中で転向し、フランス文学者としても活躍。「産経」に舞い降りてきた頃は、国策パルプ（現、日本製紙）と文化放送の社長、さらにはニッポン放送の鹿内信隆《しかないのぶたか》（一九一一～九〇年）とともに設立した富士テレビジョン（現、フジテレビジョン）の初代社長まで兼務していた。

今日では想像もしにくいが、当時の新聞ジャーナリズムには権力に対する批判精神が横溢《おういつ》していたという。「産経」も例外ではない。水野の役割は、こうしたマスコミ状況を切り崩すことだった。彼は「産経」の論調を改めさせ、また最左派の戦闘集団と評されていた労組を人事面で取り込み、スト権を放棄させ、新聞労連からも脱退させた。楯突く者は不当に配転され、九〇〇人もの社員が退職に追い込まれていった過程は「産経残酷物語」と呼ばれた。

やがて水野も病に倒れ、「産経」の社長には六八年、前出の鹿内が就いた。彼は当時タブー視されていた改憲論に踏み込み、「産経」本紙に「正論」欄を設けて、月刊誌『正論』も創刊。他紙の論調を「(読者に)破壊的な反権力の思想を植え付け、ひいては誤った自由と民主主義の概念まで作りあげていく危険さえ孕《はら》んでおります」と一刀両断し、「産経は真の自由と民主主義を守るための独自路線、すなわち正論路線を打ち立てて参ったのであります」と、胸を張った(七六年六月、『正論』欄の執筆者を招いた懇談会での挨拶。高山尚武『ドキュメント産経新聞私史』青木書店、九三年より)。鹿内もまた水野同様の使命を帯びた人物で、マスコミ界に転じる前は日経連(日本経営者団体連盟、後に経団連と合併して現在は日本経団連)の初代専務理事を務めていた。

一族による産経の支配体制を確立した鹿内ファミリーは、しかし一九九二年、日枝久(現、フジサンケイグループ代表)らの勢力に追放されてしまう。だが「正論」路線だけはそのまま維持され、今日に至っている——。

「正論」路線に対する評価はさまざまだろうが、筆者は単純に〝右翼〟と切って捨てたいとは思わない。財界云々の背景はどうあれ、左派言論が全盛だった時代に異議を唱える姿勢は貴重だったと考えている。『正論』より少し前に創刊された文藝春秋の月刊『諸君!』(二〇〇九年六月号で休刊)にもいえたことだが、彼らのお陰で、一九九〇年代半ば頃までの言論空間は、ずいぶんと豊かだった。

失われた嗜み

では、その志は、現在も維持されているのだろうか。「否だ」と話すのは、東京本社で『正論』路線の初期を知る産経OBである。

「当初は社内でも、手前たちの考えを〝正論〟だなんて自称するのはおこがましくないか、という議論があったんです。最終的には恥ずかしながらそう断じてインパクトを優先はしたのだけれど、あくまでも便宜的で、本当は〝異論の正論〟とか、〝私の正論〟の略でしかないよ、というふうな意識が強かった。そういう雰囲気がなくなってしまいました」

――いつ頃からの傾向ですか？

「一九九〇年代の後半です。以前は保守論壇のビッグネームが並んでいた新聞の正論欄が、シンクタンクの部長とか元自衛隊員といった、失礼ながら誰も知らない人ばかりになっていく。雑誌は雑誌で、読者投稿欄のページが何十ページにも膨らんで、開かれた誌面と言えば聞こえはいいが、シロウトが幅を利かせる、最近の言葉で言うヘイト雑誌に堕した。それで部数は伸びたそうですから、商売的にはパソコンの普及で誰もが何事かを書くようになった時代を捉えた英断、ということになるのかもしれませんが。

私に言わせれば、こういう流れは右傾化なんかじゃない。大衆化によるレベルダウンです。それで言論が自由に広がるなら結構だけど、現実は逆に、自らを縛ってはいないか。黒子であるべき編集者が前に出て写真まで載せて、主張から嗜《たしな》みが失われている」同感だ。鹿内一族による独裁体制時代にも、「産経残酷物語」は幾度となく繰り返された。にもかかわらず、不思議なことに、当時の「産経」記者の職場は――上層部や政治部の空気は知らないが――きわめて自由に感じられた。

筆者自身も「産経」の出身だから、わかる。八一年から八三年にかけての約二年半、系列の産業専門紙日本工業新聞に鉄鋼業界担当の駆け出し記者として在籍した。「産経」の前身と同じ題字の新聞が、五八年に復刊されていたのだ（同紙は二〇〇八年にタブロイド判のビジネス金融紙フジサンケイビジネスアイへと転換された）。

楽しい職場だった。指図をされない。新聞社にはありがちな、勘違いしたエリート意識など欠片《かけら》もない。入社式で人事部長にいきなり、「君たちは朝毎読《ちょうまいよみ》（「朝日」、「毎日」、「読売」）を落ちて、仕方なくウチに来たんだろう？ だからウチは給料が安い。ものすごく安いが、それは朝毎読に入れなかった君たち自身の責任だ」と言い放たれて呆気《あっけ》にとられた思い出も、たまらなく懐かしい。筆者は「毎日」と「日経」を落ちていた。

やがて『週刊文春』記者などを経て独立してからも、『正論』で「ＮＴＴ株物語」を連載させてもらった。電電公社の民営化と株式の売却をめぐる不正を告発したノンフィクションだったが、編集部からは何らの注文もつけられないまま、のびのび書けた。連載をまとめた『国が騙した――ＮＴＴ株の犯罪』（文藝春秋、九三年）で、単行本デビューを果たすこともできた。

「だろう？　『日本工業』も『産経』も実に自由だった。リアルな政治と組合活動以外のところでは、という条件付きだけどね」

そう語ったのは松沢弘（七三）だ。「日本工業」と「産経」の元経済記者で、筆者にとっては大先輩に当たる。有名な特ダネ記者だったが、九四年に御用組合でないマスコミ横断労組「反リストラ産経労」を結成して懲戒解雇され、今なお裁判闘争その他でフジサンケイグループと闘い続けている男である。

懲罰委員会という名の、問答無用の〝魔女裁判〟。信頼していた上司の裏切り。松沢が味わった辛酸は筆舌に尽くし難い。

それでも彼は、「産経」に対する感情を問うた筆者に、こう答えるのである。

「愛憎半ばする存在、かな。学生運動をしていた僕を『産経』だけが採ってくれた。『日本工業新聞』をいつの日か、『日経』（日本経済新聞社）とは一味違う、実体経済に根を下ろした、批判すべきは批判できる産業経済紙に生まれ変わらせる夢と計画をみんなで語り合った。仲間たちの顔が目に浮かんでくるんです」

大阪社会部の変質

新聞記者にとっての「自由」とは、社論や思い込みに囚われない、ファクトを固める取材ができ、原稿を書けて、ニュースバリューが的確に判断される環境のことをいう。トップがいかなる路線を唱えようと、かつての「産経」編集局は、基本的にそんな職場だった。

変質し始めたのは九〇年代の半ばだったと言われる。日本軍「慰安婦」をめぐる「河野（洋平官房長官）談話」や、細川護熙《もりひろ》首相（当時）の「侵略戦争」発言に対抗する形で台頭した歴史修正主義とも連動する動きだった。先に述べた『正論』の状況とも符合している。推進したのは九四年に東京本社編集局長となり、後に社長として君臨することになる住田良能だ。

東京の政治部と社会部の、あるいは大阪と東京の人事交流が盛んになっていく。だが永田町に近くない大阪の、とりわけ社会部には、その後もしばらくの間、独立独歩の気風が残されていたという。

「その頃までの大阪には、はばかりながら、俺たち『読売』の大阪社会部に憧れて新聞記者になったという奴らが大勢いたからね。どこの記者も社論なんかとは関係なく、ひたすら事件を追いかけていた。『産経』も実に強かったよ」

ジャーナリストの大谷昭宏（七四）が目を細めた。彼が八七年まで在籍した読売新聞大阪本社社会部は、名物部長・黒田清（故人）の下で反権力・反差別の旗を高らかに掲げ、優れたスクープや調査報道を連発して、新聞界を席巻していた。彼ら「黒田軍団」そのものは、〝中曽根康弘元首相の盟友〟こと渡邉恒雄（現、読売新聞グループ本社代表取締役主筆）に解体されてしまったが、その新聞記者魂は、九〇年代の記者たちに引き継がれた、はずだったのである。

ところが、「産経」大阪社会部関係者の話を総合すると——。

九八年四月二七日、山口地裁下関支部で、「関釜《かんぷ》裁判」の判決が言い渡された。先の大戦中に「慰安婦」や女子挺身《ていしん》隊員として働かされた韓国人女性一〇人が、国に公式の謝罪と総額五億六四〇〇万円の損害賠償などを求めた訴訟。近下秀明裁判長による判決は、このうち元「慰安婦」三人について慰謝料三〇万円ずつを支払うよう国に命じた。一部とはいえ戦後補償裁判で原告側が勝訴した初めてのケースだったので、大阪から出張ってきていた記者がワープロを前に、「これは一面と社会面の書き分けだ」と武者震いしていたところに、大阪の社会部長から電話が入った。

「その原稿は第三社会面のベタ扱いでいい。君のやるべきことは、判決内容を論説委員向けに簡潔にまとめることだ」

同じ社会部が、在日韓国人による国家賠償請求訴訟で、国の措置に「違憲の疑い」ありとした大阪地裁判決を大きく報じたのは、わずか二年半前の九五年一〇月のことだった。大阪社会部のあり方は、わずかの間に一変していた。事情をよく知る元記者の回想。

「その時のT部長は『夕刊フジ』から来た人で、前任のYさんは文化部畑の人でした。どちらにしても事件取材のタイプじゃない。Tさんはその後、東京で幹部に出世して、二〇一〇年代に入ると大阪市の教育委員にもなりました。

大阪社会部でも『正論』路線と相容れない記事が意図的に小さく扱われるようになったのは、あの頃からですね。在日の問題とか外国人参政権の問題とか。会社の方針だからというだけでなく、人間そのものが変わってしまった人も少なくありません」

「産経」は二〇一九年度から、記者を企業や自治体の集まりに派遣するサービスを始めている。ウェブ上の講師一覧に「戦後偏向論」や「『産経』路線」を許すと紹介されている編集幹部が、実は一九九〇年代前半の大阪で、人権問題の取材に取り組んでいた記者だったりする。

軌道修正の兆し

産経新聞社はどこへ行くのだろう。「朝日」や「読売」に比べたらまるで小さくて、いいかげんな新聞社だけれど、よくも悪くも影響力はかなりのものだ。筆者の心配は、若き日へのノスタルジーばかりでもないつもりである。

冷笑と罵倒《ばとう》の〝ネトウヨ新聞〟とまで揶揄《やゆ》されるに至った紙面の、大幅な刷新が試みられるのではないかとする観測あるいは期待も、社内外で根強い。社長就任三年目の飯塚浩彦が、大阪「読売」〝黒田軍団〟に追いつけ追い越せと切磋琢磨《せつさたくま》していた時代の大阪本社社会部育ちで、周囲の布陣もその人脈で固めているからだ。最も安倍晋三首相（当時）に近い記者の一人といわれた前政治部長の石橋文登（五三）が今年初めの希望退職に応じて退社したのも、そうした流れを嫌ったためではないかと伝えられている。

今年の一月七日に大阪、八日に東京で開かれた社員大会で、希望退職の募集をはじめとする一連の改革について、飯塚は語っていた。「青臭い言い方をするならば、『産経ジャーナリズム』と『正論路線』を守るため。現実的な言い方をするならば、産経新聞社を残すため、会社の業態を変えるため、です」

意味深な表現だ。ここで述べられた「正論路線」が、そのまま現状肯定を意味するとは限らない。

「飯塚さんが現在の紙面に満足しているはずがないでしょう。ネトウヨは新聞を買わないし、広告だって入りづらい。〝水野天皇〟の時代とは違って、今のマスコミは全部が自民党べったりみたいなものですからね。もはや存在意義そのものが問われているのですから」

事件記者時代の飯塚を知る人々が口を揃《そろ》える。なるほど紙面のそこここからは、軌道修正の兆しが感じられなくもない。東京の社会部でも、「あまり韓国の悪口ばかり書くな」と指示するデスクが現れたという。

もちろん、こんな声も聞いた。

「買いかぶりもいいところだ。飯塚体制というのは単なるお友だち人事です。大阪社会部ならいいってもんじゃない。辞めた石橋さんだって政治部に来る前は大阪の事件記者。あそこも昔とはすっかり変わってしまって、二〇一六年からの足かけ三年、忠君愛国の精神を讃える『楠木正成考「公」を忘れた日本人へ』なんて連載をしていたくらいなんですよ」

さもありなん、とも思う。一〇月一日に開かれた局長会で、大阪メディア営業局から、こんな報告がなされたという。

〈夕刊で連載していた「倒れざる者・近畿大学創設者世耕《せこう》弘一伝」（昨年一二月から本年六月）四二回分を八ページ（裏面に近畿大広告）に再編集した別刷新聞の三万部買取り広告企画が成立、八月末に近畿大学に納品した。同大学では附属中学・高校の生徒全員、校友会全員へ配布、学内資料・広報ツールとして活用していく予定で、高評価を得た。編集局と連携して記事のマネタイズにつながった成功事案といえる〉（議事録より）

世耕弘一は岸信介内閣で経済企画庁長官などを務めた元衆議院議員で、安倍首相の側近と言われる世耕弘成《ひろしげ》参院自民党幹事長の祖父である。新聞ジャーナリズムが安易にヨイショを書いて金にしてよい相手ではあるまい。

飯塚は一〇月初旬に開かれたフジ・メディア・ホールディングス（ＦＭＨ）の社長会に招かれたという。フジサンケイグループとは呼ばれていても、ＦＭＨの連結対象ではなかった産経新聞社に、グループの最高権力者である日枝久が救いの手を差し伸べる姿勢を示したのではないかと見た報道もある（『ＡＥＲＡ』一〇月二八日号）。

飯塚には取材を断られた。石橋にはフェイスブックや近著の版元を通じてアプローチを重ねたが、返事をもらえなかった。

「産経」には今度こそ、礼節を重んじ、人を大切にする、真っ当な本物の保守であってほしい。「正論」路線の、せめて初期の志ぐらいは取り戻してもらいたいと、心の底から願うものである。

（文中一部敬称略）

斎藤 貴男（さいとう・たかお）
1958年、東京生まれ。ジャーナリスト。早稲田大学商学部卒業。英国・バーミンガム大学大学院修了（国際学MA）。日本工業新聞記者、『プレジデント』編集部、『週刊文春』記者を経てフリーに。
主な著作に、『新にっぽん診断　腐敗する表層、壊死する深層』（三一書房、共著、2020年）、『驕る権力、煽るメディア』（新日本出版社、2019年）、『戦争経済大国』（河出書房新社、2018年）、『国民のしつけ方』（集英社インターナショナル、2017年）、『戦争のできる国へ――安倍政権の正体』（朝日新聞出版、2014年）、『税が悪魔になるとき』（新日本出版社、共著、2012年）などがある。

「マスゴミ」って言《い》うな！――やや辛口《からくち》メディア日記《にっき》

2023年4月25日　初　版

著　者　斎　藤　貴　男
発行者　角　田　真　己

郵便番号　151-0051　東京都渋谷区千駄ヶ谷4-25-6
発行所　株式会社　新日本出版社
電話　03（3423）8402（営業）
03（3423）9323（編集）
info@shinnihon-net.co.jp
www.shinnihon-net.co.jp
振替番号　00130-0-13681

印刷　亨有堂印刷所　　製本　小泉製本

落丁・乱丁がありましたらおとりかえいたします。

JASRAC 出 2301752-301
ISBN978-4-406-06749-2 C0036　Printed in Japan